국민
연금

가치
선언

국민연금 가치 선언

불안을 넘어 연대와 공존으로

© 제갈현숙·주은선·이은주, 2024, Printed in Seoul, Korea

초판 1쇄 찍은날	2024년 3월 26일
초판 1쇄 펴낸날	2024년 4월 4일
지은이	제갈현숙·주은선·이은주
펴낸이	한성봉
편집	최창문·이종석·오시경·권지연·이동현·김선형·전유경
콘텐츠제작	안상준
디자인	최세정
마케팅	박신용·오주형·박민지·이예지
경영지원	국지연·송인경
펴낸곳	도서출판 동아시아
등록	1998년 3월 5일 제1998-000243호
주소	서울 중구 필동로8길 73 [예장동 1-42] 동아시아빌딩
페이스북	www.facebook.com/dongasiabooks
전자우편	dongasiabook@naver.com
블로그	blog.naver.com/dongasiabook
인스타그램	www.instargram.com/dongasiabook
전화	02) 757-9724, 5
팩스	02) 757-9726
ISBN	978-89-6262-206-5 03330

만든 사람들

총괄 진행	김선형
책임 편집	문혜림
디자인	페이퍼컷 장상호

국민
연금

가치
선언

불안을
넘어

연대와
공존
으로

제갈현숙·주은선·이은주 지음

동아시아

우리는 왜 이 책을 쓰게 됐나?

이 책을 준비한 3명의 저자는 20대부터 사회복지를 공부해 온 사람들이다. 학문이나 직업으로 사회복지를 접하지 않은 사람들에게 사회복지는 선한 의지로 행하는 '좋은 일'로 짐작되어, 사회복지사들은 좋은 일을 한다는 칭찬을 듣기도 한다. 그러나 실제 학문이나 직업으로 사회복지 세계를 접하게 되면, 우리 사회의 다양한 모순과 문제에 직면하게 된다. 그러다 보면 화도 나고, 괴롭고, 문제를 피하고 싶을 때도 생긴다. 갈등이 도드라진 문제를 보며 회의에 빠지기도 하고, 더 나은 대안이 무엇인지 고민하다 보면 혼란스럽기도 하다. 하지만 살아가는 한 가치를 위한 투쟁을 멈출 수는 없다. 함께 사는 세상을 위해 더 나은 방법을 모색하고, 사회를 더 정의롭게 만들 수 있는 방법을 고민하는 것은 직업에 깃든 실존적 이

---

1   2023년 개봉한 켄 로치Ken Loach 감독의 영화 〈나의 올드 오크The Old Oak〉에 나오는 구절이다. 탄광촌으로 널리 알려진 영국의 더럼이란 마을은 대처 수상 시기 폐광되면서 마을의 공동체는 파괴되고 슬럼화되었다. 이 동네로 난민들이 유입되면서 가난한 마을 사람들 사이에, 마을 사람 일부와 난민들 사이에 다양한 갈등이 빚어진다. 그러나 그 많은 갈등에도 불구하고 이들은 함께 살아갈 방법을 찾아내며 영화는 마무리된다. 40여 년 전 폐광이 결정됐던 시기 탄광노조의 구호였던 "용기, 저항, 연대"는 21세기 영국 더럼 마을에도, 많은 갈등을 겪고 있는 한국 사회에도 필요한 구호라고 여겨져 글머리로 삼았다.

유일 것이다. 아마도 이런 실존적 이유는 다른 영역과 분야에서도 많은 이들이 공유하는 삶의 방식일 것이다.

국민연금은 필자들이 꾸준히 연구하며 현실에 참여해 온 주제이다. 30대 중반을 넘긴 국민연금은 필자들의 나이보다 어리지만 참으로 많은 일을 겪어 왔다. 인간의 성장 과정에서 유소년기와 청년기는 성장을 위해 지지받고 응원받아야 할 시기이지만, 국민연금은 지지와 응원보다는 우려와 불신으로 많이 위축되었다. 한국이 복지국가의 모양을 갖추면서 가장 보편적인 제도가 된 국민연금은 노령인구에 대한 사회적 부양을 위해 만들어진 제도이다. 한국 사회가 유지되는 한 국민연금은 존재해야 하고, 이를 위해 제도의 지속가능성에 대한 진단을 5년에 한 번씩 '재정계산'이란 이름으로 시행해 왔다. 여기서 말하는 제도의 지속가능성은 비단 미래 재정의 안정만을 의미하는 것이 아니다. 국민연금이 지금처럼 미래에도 유지되도록 하기 위한 진단은 돈 문제로만 국한할 수 없다. 여기에는 사람과 사회에 대한 진단이 포함되어야 한다. 왜냐하면 사회적 부양을 지탱해줄 수 있는 생산인구가 공적연금의 전제이기 때문이다. 초저출생 문제에 직면한 한국 사회는 삶의 질에 대한 심각한 도전을 받고 있다. 그런데 아직도 이러한 본질적인 문제에 대한 성찰보다는 재정위기만이 강조되고 있다.

재정계산의 횟수가 거듭될수록 사회적으로 부각된 단어는 '연기금 고갈'이다. 사회의 본질적인 문제를 개혁해야 할 국가는 재정 부담을 내세워 사회적 부양의 몫을 개인에게 전가해 왔다. 이러한 경향이 짙어지는 가운데 필자들은 몇 가지 문제점에 봉착했다. 첫째, 국민연금을 공적연금으로 바라보지 않는 전문가들이 재정계산위원회 등에 참여하면서 국민연금의 본질을 희석해 왔다. 문제는 이러한 전문가들이 위원회 등에 다수 참여하면서 국민연금개혁이 편향된 방향으로 기울었다는 점이다. 둘째, 편향된 위원회 구성과 언론 지형으로 말미암아 국민연금 가입자인 노동자와 시민은 균형 잡힌 정보를 얻기 어려워졌다. 그래서 가입자가 자신을 위한 판단을 내리기 어려워졌을 뿐 아니라 정책 선택의 과정에서 배제되었다. 셋째, 초저출생 · 초고령사회에서 살아가야 할 모든 세대는 서로 의지하고 협력할 때 난관을 극복할 힘을 얻을 수 있다. 그런데 지난 20년 간 한국 사회의 노동문제와 사회문제의 원인이 세대문제로 전가되면서, 모든 문제의 주범이 나이 든 세대의 탐욕인 것처럼 취급되어 버렸다. 자본의 노동에 대한 과도한 착취로 발생한 계급문제는 정규직 노동자의 탓이 되었고, 청년실업 문제도 나이 든 노동자의 탓이 되었다. 이런 정서는 세대 간 연대를 운영 원리로 하는 국민연금에 치명적인 영향을 미치면서 '세대 간 공정'이란 이름으로 세대 갈등을 조장했다. 그 어느 때보다 모든 세대가 겪고 있는 문제에 대해 사회적으로 해법을 찾고 풀어가야 할 때, 우리를 갈라치고 분열시키는 보이지 않는 손의 힘은 점점 커져 갔다. 이러한 문제점에 직면한 우리는 국민연금 가입자인 노동자와 시민에게 공적연금의 관점에서 국민연금의 문제점을 소개하고, 모든 세대가 함께 살아갈 방법을 모색할 필요성을 절실히 느꼈다.

국민연금을 바라보는 재정중심론과 소득보장중심론

향후 70년간의 국민연금 재정추계를 담은 재정계산보고서가 5년마다 발표되고 있고, 제5차 재정계산보고서는 2023년 발표되었다. 재정계산위원회[2]는 2023년 10월에 「2023 국민연금 재정계산: 재정계산위원회 최종보고서」를 제출했고, 보건복지부는 10월 30일에 이 보고서를 근간으

---

2 제5차 재정계산위원회는 '재정계산위원회' 산하에 '재정추계위원회(장기 재정추계 담당)'와 '기금운용발전 전문위원회(국민연금 기금운용제도 개선 논의)'를 두었고, 두 위원회의 활동 결과를 바탕으로 재정계산위원회에서 제도 개선 사항을 논의하도록 구성되었다. 이에 재정추계 민간위원 대부분은 경제학 전공자로 구성되었고, 기금운용발전 전문위원회는 금융, 경제, 경영, 법 등의 전공자로 구성되었다. 두 위원회를 아우르는 역할을 해야 하는 재정계산위원회 민간위원은 경제학, 사회복지학, 경영학, 행정학, 사회학 전공자들이다.

로 「제5차 국민연금 종합운영계획(안)」을 발표했다. 그런데 재정계산위원회의 보고서 발표를 앞둔 8월 말, 돌연 재정계산위원회의 위원 두 명이 사퇴했고, 그 두 사람 중 하나가 지금 이 책을 쓰고 있는 필자 중 한 사람이다.

이들은 "현재 위원회는 공적연금으로서 국민연금 본질을 구현하고 이를 위한 수단으로써 합리적이고 공평한 재정안정 방안을 마련할 가능성이 없다고 판단한다"라며 사퇴 의사를 밝혔다. 두 위원이 제기했던 문제점은 보고서 논의 과정에서 극명하게 드러난 편향성이었다. 논의 초반에 보고서는 '재정중심'과 '소득대체율 인상'을 균형 있게 제공하기로 했다. 그런데 논의가 진행되면서 재정중심으로만 보고서 내용이 구성되었고, 이렇게 될 경우 노후소득보장 강화의 필요성을 부정하는 보고서가 될 수도 있었다. 두 위원의 위원회 사퇴 이후, 재정계산위원회의 「2023 재정계산 결과를 바탕으로 한 국민연금 제도 개선 방향에 관한 공청회」 자료집에서는 '보장성 강화'에 대한 내용이 빠진 채 공개되었다.

이러한 일련의 흐름은 자칫 전문가 집단의 의견 충돌로 비칠 수 있지만, 여기서 충돌한 극명하게 다른 두 가지 견해는 국민연금을 둘러싼 대표적인 논의 지형이라고 할 수 있다. 이 책에서는 이 두 가지 견해를 '재정중심론'과 '소득보장중심론'으로 구분한다.

재정중심론은 국민연금의 가장 중요한 문제를 재정안정으로 보고, 재정안정 달성을 개혁의 목표로 삼는다. 보험료율 인상, 소득대체율(퇴직 전 소득 대비 연금소득 비율) 하락 또는 인상 반대, 연금수급연령 상향, 국민연금 소득재분배 기능 축소 또는 삭제, 연기금 수익률 인상 등이 대표적인 개혁안이다. 반면에 소득보장중심론은 낮은 소득대체율에 따른 소득보장 문제를 가장 중요한 것으로 보고, 소득대체율 인상을 위한 개혁안을 제출한다. 소득대체율 인상과 이를 전제로 한 보험료의 단계적 인상, 정년 연장과 연결된 연금수급연령 조정, 실질적 사각지대 포괄을 위한 국가의 책임 강화, 연기금의 사회투자 투입 등이 대표적인 개혁안이다.

우리는 국민연금의 목표가 노후소득보장이므로 노후소득보장 강화가 무엇보다 중요하다고 생각한다. 그런데 재정중심론의 영향으로 국민연금을 공적연금으로 이해하고, 바라보는 시선이 너무 많이 위축되었다. 단적으로 '국민연금기금이 고갈되면 더 이상 노후에 연금급여를 받을 수 없다'는 위기론이 확산하면서, 국민연금제도에 대한 신뢰마저 흔들리고 있다. '국민연금은 공적연금'이라는 당연한 이야기를 해야만 하는 시대에, 국민연금의 의미를 되살려야 하는 과제가 우리에게 부여됐다.

오해를 풀고, 진짜 국민연금의 길을 찾아서

필자들에게 중요했던 주제어는 공적연금, 소득보장 강화, 사각지대, 연기금이었다. 많은 오해와 방해로 공적연금 기능을 제대로 발휘하지 못하는 국민연금 본연의 의미를 되찾기 위해 반드시 짚고 넘어가야 할 주제들이다. 이에 이 책은 다음과 같이 구성된다.

1장에서는 국민연금의 본질인 공적연금에 관해 이야기하고 여기에 비추어 국민연금이 오해를 받아 왔던 내용들, 그럼에도 불구하고 사랑받을 만한 충분한 가치가 있는 국민연금의 장점을 소개한다.

2장에서는 제도의 성숙기로 접어들기 시작한 국민연금이 여전히 제도의 목표인 노후소득보장 기능을 충분히 달성하지 못하고 있다는 점에 관해 다룬다. 우선 한국의 노후 현황과 소득대체율을 이해하는 데 필요한 사전 지식을 살펴보고, 소득보장 강화의 필요성에 대해 정리한다. 그리고 노후소득보장 강화를 위해 도입된 기초연금과 국민연금의 상호 발전적인 관계에 대해 모색해본다.

3장에서는 국민연금의 중심이 노후소득보장을 위한 제도적인 발전보다 재정안정을 위한 연기금 적립으로 변화한 국제·국내적 배경과 논쟁 과정을 살핀다. 이 부분은 신자유주의와 금융시장의 등장이 한국의 국민연금에 미친 영향을 이해하는 데 도움이 될 만한 내용으로 구성했다. 주제의 특성상 다소 이론적일 수 있지만, 국민연금기금의 현재 상황을 이해하는 데 분명 도움이 될 것이다.

4장에는 '전국민연금'이 전개되었지만, 아직 이 제도에 포함되지 못했거나 불안정노동에 종사하는 사람들의 이야기를 담았다. 제도에 포함되지 못한 사람들에 대해서는 제도의 한계 측면에서 조명한다. 또한 분명 노동자이지만 국가와 사업주 모두 노동자가 아니라고 규정하여 사업장연금으로 가입하지 못하는 특수고용형태 노동자, 플랫폼 노동자 등 불안정노동자들의 국민연금 문제와 그에 대한 대안을 다룬다.

5장에서는 국민연금의 지속을 위해 가장 먼저 필요한 것이 사회의 지속가능성이라는 점에 대해 다룬다. 이에 사회의 지속가능성 관점에서 국민연금의 재정 방안과 연기금 투자에 대한 기존 관점의 문제를 요약한다. 나아가 우리 사회공동체를 위한 대안으로 이제까지와는 다른 재정안정 방안과 사람과 사회에 투자하는 연기금 운용방식에 대해 제안한다.

우리 사회가 불안을 넘어 연대와 공존으로 향하기 위해서는 사회보장제도로서의 국민연금의 역할이 매우 중요하다. 필자들의 논의가 그 도정을 밝히는 작은 불씨가 될 수 있기를 바라며 이야기를 시작한다.

CONTENTS

| 프롤로그 |

함께 사는 사회를 포기하지 않는 용기, 저항, 연대! •004

1   국민연금에 대한 오해와 진실   015

   1) 국민연금, 공적연금입니다만 •017

   2) 국민연금에 대한 누적된 오해 •024

   3) 국민연금만의 특기이자 필살기 •033

2   국민연금의 핵심과제, 노후소득보장   043

   1) 한국의 노년과 노후준비 •044

   2) 국민연금의 낮은 소득대체율 문제 •050

   3) 국민연금 보장성 강화의 핵심, 소득대체율 인상 •057

   4) 기초연금과 국민연금 사이 •070

3   연기금을 둘러싼 국제·국내적 쟁투   081

   1) 국제적으로 진행된 연기금을 둘러싼 쟁투 •083

      (1) 세계 금융시장의 성장과 연기금의 필요

      (2) 연기금 유치를 위한 공적연금개혁 요구

   2) 국내에서 진행된 연기금을 둘러싼 쟁투 •104

**4 갈림길에 선 국민연금,
진짜 '전국민연금'으로 가는 길   127**

1) 일하는 모든 이의 국민연금이어야 하는 이유 • 129

2) 국민연금 사각지대 톺아보기 • 132

3) 불안정노동의 증가와 국민연금 대상 포괄의 한계 • 145

4) 불안정노동자를 위한 노후소득보장제도 • 150

**5 사회의 지속가능성을 위한 국민연금 재정과
연기금 투자   163**

1) 시시포스의 몸짓을 거부하는 국민연금 재정 방안 • 165

2) 공동체를 위한 연기금 투자 방향 • 182

| 에필로그 |

인생을 살아낸 노인에게 연대와 존경이 머무는 공동체가 되길 • 202

표·그림 출처 • 206

참고문헌 • 208

일러두기

1 단체명과 전문 용어는 관행적으로 쓰는 방식에 따라 표기했다. 주요 개념이나 한글만으로 뜻을
   이해하기 힘든 용어의 경우에는 원어를 병기했다.
2 단행본은 『 』, 정책보고서와 논문은 「 」, 신문과 정기간행물은《 》, 영화는 〈 〉, 기사명은 " "로 구
   분했다. 국내 문헌은 이 약물을 따랐으며, 국외 문헌은 단행본·저널은 이탤릭체로, 논문·보고
   서는 ' '로 구분했다.
3 본문은 APA 인용 방식을 따랐으며, 인용한 문헌의 서지정보는 참고문헌에 밝혀두었다. 본문의
   이해를 돕기 위해 저자가 추가한 내용은 각주로 처리했다.
4 이 책에 제시된 표와 그림은 기존 자료를 인용한 경우 재가공해 수록했다. 기존 자료의 정보는
   표·그림 출처에서 확인할 수 있다. 출처 표시가 없는 표·그림은 저자가 직접 구성한 것이다.

국민연금에
대한
오해와
진실

1

국민연금은 공적연금이다. 너무나 당연한 얘기인데,
대한민국 시민은 이를 잊고 산다.
연금개혁 얘기가 나올 때마다 공적연금의 역할은 찾아보기 어렵다.

인간다운 삶을 지향하는 국민연금은 한국에서 20년 넘게 개혁 논쟁의 중심에 있었다. 그런데 우리 사회의 연금 이야기는 '제도를 어떻게 잘 운영해서 노인빈곤을 예방할 것인가'보다는 '국민연금기금이 어느 시점에 고갈되므로, 더 많은 적립금을 쌓아야 한다'는 논의에만 초점이 맞춰져 있다. 어쩌다 국민연금은 오로지 '돈' 문제인 것처럼 보이게 된 걸까?

매달 연금을 받는 노인이 더 많아지고 있다. 하지만 국가가 파산 직전에 놓인 것도 아닌데, 국민연금 얘기를 꺼내면 기금은 당연히 고갈될 것이고, 그래서 미래 세대에게 엄청난 빚이 될 것이라고 말한다. 그러니 없는 게 낫다고 생각하는 사람들도 생겼다. 그리스나 프랑스처럼 다른 나라에서도 연금문제는 큰 사회적 이슈지만, 국민연금처럼 오로지 연금기금(이하, 연기금)에만 몰입하는 나라는 없는 것 같다.

재정은 국민연금의 제도적 지속성을 위해 필요한 것들 중 하나이다. 그렇다면 돈 얘기 말고도 해야 할 이야기가 많다. 그래서 국민연금에 대해 해야 할 이야기들을 먼저 나눠보고자 한다.

국민연금 가치 선언

1   국민연금, 공적연금입니다만

국민연금은 공적연금이다. 너무나 당연한 얘기인데, 대한민국 시민은 이를 잊고 산다. 연금개혁 얘기가 나올 때마다 공적연금의 역할은 찾아보기 힘들다. 국민연금에 대한 오해를 풀기 위한 기초 과정으로 공적연금의 필요성과 역할을 알아보자. 공적연금의 기능을 확인한 후 공적연금으로서의 정체성을 부정당하고 파란을 겪었던 국민연금의 개혁 역사를 짚어본다. 특히 국민연금을 사회보험이 아닌 저축(적금)으로 생각하게 만든 오류의 출발점도 확인해야 한다. 이를 통해 공적연금의 기능을 모르고 국민연금제도와 개혁에 접근했던 우리 사회의 논쟁이 얼마나 소모적이었는지 확인할 수 있을 것이다.

공적연금의 출발
노년기 빈곤 예방 개념의 시작

*

대한민국에 사는 18세 이상의 소득활동을 하는 사람들은 국민연금제도에 의무적으로 가입해야 한다. 빠르면 18세부터 가입하게 되는 국민연금은 어느 직장을 다니건, 어떤 아르바이트를 하건 일을 하게 되면 법적으로 60세까지 매달 월급에서 보험료가 빠져나가는 제도이다. 각자의 사정이 다른데도 '소득이 있다면' 정부가 의무적으로 보험료를 걷을 수 있는 것은 국가가 책임지고 국민의 사회적 필요를 충족시켜야 하기 때문이다. 공적연금은 개인적 필요가 아닌 사회구성원이라면 누구에게나 해당하므로 사회적 필요를 충족시키는 것이 중심이 된다.

노년기 빈곤은 누구나 겪을 수 있다. 우리는 빈곤한 상황에 빠지지 않기 위해 돈도 벌고 저축도 한다. 그러나 노년기에는 돈을 벌 수 있는 상황이 제한되고, 자발적이든 비자발적이든 퇴직하게 된다. 퇴직 이후에는 소득활동을 할 것인가, 모아놓은 돈으로 살 것인가를 고민해야 한다. 노인이 되어 일하면서 생계를 유지하는 건 녹록지 않다. 저축으로 충분한 돈을 모아둘 수 있을지도 장담하기 어렵다. 그래서 이런 상황을 지난 100년 이상 겪어 온 나라들은 노인을 돌볼 방법을 고안해냈고, 이를 개인의 책임이 아닌 국가의 역할로 합의한 결과가 공적연금이다. 국가가 책임지고 노령기 국민이 빈곤으로 추락하지 않도록 소득을 보장해주는 것이다.

자본주의와 방빈, 은퇴와 공적연금
*

개인의 노력만으로 해결하기 어려운 방빈防貧(빈곤 방지)이란 공적연금의 목표는 자본주의 체제와 밀접한 관계가 있다. 자본주의 체제에서 자본가는 노동자의 노동력을 이용해서 이윤을 추구한다. 초기 자본주의에서는 장시간의 저임금노동으로 인해 노동자들은 빈곤에서 벗어날 수 없었다. 그래서 노동자들은 분노했다. 19세기 중후반부터 노동계급이 힘을 얻게 되면서 자본가의 극단적인 이윤 추구는 어려워졌다. 노동자가 없으면 자본주의 체제 자체의 지속성도 담보할 수 없었기에 자본가는 노동자와 타협해야 했다. 누구에게나 닥칠 수 있는 위험(실업, 빈곤, 재해, 사망 등)을 사회적 필요로 인식하고, 이에 대응하는 대책을 마련하게 된 것이다. 사회보험제도는 다수 민중people의 저항이 담긴 역사적 결과이자 자본의 필요이기도 했다. 연금은 자본주의 체제와 국가가 '인간적'이기 때문에 지급하는 것이 아니다. 모든 사람을 위한 방빈제도는 자본가와 노동자, 그리고 국가가 타협점을 찾은 결과였다.

공적연금의 역사에서 알 수 있는 건 연금제도가 자본주의 체제하에서 이루어지는 은퇴와 밀접한 관계가 있다는 것이다. 생산인력이 필요했던 초기 산업화 시기에 은퇴 인력을 위한 대책이 필요했고, 퇴직의 공식화는 노후소득보장 방안을 마련함으로써 상쇄될 수 있었다. 미국을 포함한 서구 자본주의 국가들은 제2차 세계대전 후 공적연금을 본격화했고, 자본가들은 고령노동자 퇴출을 위한 퇴직제도를 본격적으로 도입하게 되었다(남찬섭·주은선·제갈현숙, 2023: 32). 일정 연령에 이르면 일을 그만두게 하는 퇴직제도는 공적연금을 통해 퇴직 후 소득보장이 가능해진 조건이 마련되면서 보편화될 수 있었다. 이는 퇴직이라는 강제 규정을 통해 퇴직 이후의 소득보장에 대한 책임을 사회 전체가 지기로 한 것이었으며, 국가는 공적연금제도를 운영함으로서 노후소득보장의 의무를 지게 되었다.

독일과 미국의 공적연금 도입

*

공적연금을 제일 먼저 도입했던 독일에서는 노동계급이 아닌 국가가 이 제도를 제안했다. 노동자와 자본가는 모두 공적연금제도를 반대했다. 노동자는 임금조건이 열악한데도 보험료를 내야 하는 것에 거부감이 컸고, 자본가는 노동비용을 사회보험 명목으로 내야 하는 것에 불만이 컸다. 그러나 사회문제를 해결하는 데 있어 노동자와 자본가의 부담으로 재원을 마련하는 사회보험방식에 합의하고, 이후 복지국가는 사회적 필요(사회문제)에 대응하는 역할을 적극적으로 수행한다.

자유시장과 개인주의가 절대적인 믿음인 것처럼 작동하는 미국에서도 공적연금제도가 운영되고 있다. 연방정부의 복지개입이 적극적 자유를 위해 필요한 것으로 인식이 바뀌면서 미국은 경제 대공황 시기였던 1935년 최초로 사회보장법Social Security Act을 제정하였다. 이때 65세 이상 노인이 더 이상 노동할 수 없게 되면 노령연금을 제공하기로 협의했다. 경제 대공황 시기에 사회보장제도를 도입하면서 경제위기와 사회보장권이 대립하는 관계가 아니라 공존 관계라는 것을 보여주었다. 미국은 1950년 법 개정을 통해 농업인, 무급가족 종사자, 자영업자까지 제도 내로 포괄하였다. 경제활동인구 10명 중 9명이 공적연금제도 내로 들어올 수 있게 되었고, 공적연금이 보편적인 제도로 자리매김한 대표적인 사례 (Reno, V. P. & Grad, S., 1985)로 여겨졌다.

인권과 노후생활 보장

*

국가가 국민의 적정한 노후생활을 책임져야 한다는 국가 목적은 1948년 12월 채택된 '세계인권선언Universal Declaration of Human Rights'에서도 발견할 수 있다. 제2차 세계대전의 야만적 행위를 성찰하고, 인류의 공존을 위해 자유와 정의, 그리고 평화의 근간에 인권이 있다는 이 선언문에는 누구도 빼앗을 수 없는 30가지의 권리와 자유가 명시되어 있다. 그중 22조는 '모든 사람은 사회의 일원으로서 사회보장을 받을 권리를 가지며, 국가적 노력과 국제적 협력을 통하여, 그리고 각 국가의 조직과 자원에 따라서 자신의 존엄과 인격의 자유로운 발전에 불가결한 경제적, 사회적 및 문화적 권리들을 실현할 권리'가 제안되어 있다. 사회보장을 받을 권리가 보편화된 것이다. 이에 20세기 중반부터 시민권과 인권에 기반에 둔 다양한 사회보장제도가 발전하게 되었고, 공적연금도 마찬가지로 이러한 변화에 영향을 받으며 보다 포괄적이고 적극적인 노후소득보장의 시대를 열어가게 되었다.

사회적 필요에 대응한다는 것은 공적연금제도가 사회 전체적으로 측정된 필요에 따라 가입자 모두를 보호한다는 뜻이다. 개별적인 필요를 측정하여 연금급여를 제공하는 사연금과는 개념부터 다르다. 이때 '사회 전체적으로 측정된 필요'란 퇴직 후에도 퇴직 이전과 다름없는 생활을 유지하기 위해 요구되는 소득수준을 의미한다(장승혁, 2020: 53). 퇴직 전 소득 대비 연금소득이 어느 정도인가를 나타내는 개념으로 '소득대체율'이 사용된다. 소득대체율은 공적연금이 가입자 전체의 필요를 어느 정도 충족시킬 수 있는지 알 수 있는 지표이기도 하다. 제2차 세계대전 이후 많은 복지국가에서 소득대체율을 높이기 위해 충실히 노력했다.

*

세계가 인권 향상과 복지국가를 위해 분주했던 시절, 한국에서는 경제발전을 위해 국민의 노동력이 싼값에 착취당하고 있었다. 군사정권기였던 이때는 국민 삶의 질을 따져보고 필요한 제도를 만드는 복지가 전무한 그야말로 무복지 시기였다. 1970년대 이후 경제개발 시기를 거쳐 온 세대에게 퇴직은 당연했지만, 퇴직 이후의 노후소득은 각자가 해결해야 할 과제로 인식되고 말았다. 기업이 지급하는 퇴직금만이 유일한 노후소득보장 대책이었다. 그나마 안정된 기업에 다녀야 목돈으로 퇴직금을 수령할 수 있었다. 퇴직금은 은퇴 이후 제2의 인생을 설계하는 데 도움이 되기는 했지만, 은퇴자금을 날리는 일도 다반사였고, 목돈일 줄 알았던 은퇴자금이 순식간에 사라져 버려 빈곤한 노년기를 보내는 사람도 많았다. 그래서 한국의 노동자들은 근로소득이 있을 때 집 한 칸 장만하고자 부단히 애를 썼다.

사회구성원에게 잠재적으로 발생할 수 있는 노후빈곤에 대한 국가책임은 1988년이 되어서야 시행됐다. 제도가 늦게 시작된 만큼 노후빈곤을 예방하기 위해 국가가 적극적인 노력을 하는 것이 마땅했다. 그러나 아쉽게도 국가는 가능한 한 돈을 들이지 않는 방향으로 제도를 도입했다. 부과방식이지만 제도가 시작된 당시 노인에게는 연금을 지급하지 않았고, 연기금을 두고 '고갈'된다는 위기의식만 조성했다. 역사 속에서 국민연금은 공적연금의 너무나 당연한 목표인 빈곤 예방으로부터 점차 멀어지기 시작했다.

국민연금 출생의 비밀

*

다행히 이제는 사라졌지만, 대한민국은 부국강병을 내세워 초등학생까지 국가재정을 위해 총동원한 시절이 있었다. 반공 이데올로기와 독재로 전 사회를 억누르던 시절, 국가는 경제적 목표와 이데올로기적 지배를 모두 달성할 만큼 강력했다. 이 시대의 국민에게는 국가에 대한 의무만 부과될 뿐 시민으로서의 권리와 노동자로서의 권리는 위험한 요구로 간주됐다. 전두환은 '복지사회건설'을 내세워 자신의 쿠데타를 정당화했고, 독재자의 정치적 목적에 맞게 복지 개념이 사용되었다. 시민은 복지국가나 복지사회에 대한 경험이 거의 없는 상태에서 '복지'를 접하게 되었다.

경제개발 시대인 1970년대 초반 중화학 공업화가 선언되었다. 공적연금에 대한 논의는 연기금을 국민투자기금의 형태로 중화학 공업화 자금으로 전용할 수 있다는 발상으로 급진전하면서 1973년 12월 24일 국민복지연금법을 제정한다. 보험료 부담에 대한 기업과 노동자의 저항을 최소화하면서 적립금을 활용할 수 있는 정치적 계획을 세운 것이었다. 그러나 1974년 1월 14일 긴급조치가 시행되면서 그해 연말 법안 효력이 정지되었고, 이후 오일쇼크로 인한 세계 경기침체로 연금법은 수면 아래로 가라앉았다.

13년이 지난 1986년 12월 17일 국민복지연금법은 국민연금법으로 이름을 바꿔 국회를 통과한다. 그사이 한국경제가 성장하기도 했지만, 국가는 다시 한번 국민연금기금을 활용한 경제적 이득을 꿈꾸게 된다. 1980년대 중반은 베이비붐 세대(1955~1963년 출생)가 20대 후반에서 30대 전반으로 진입하기 시작한 시기이다. 정부는 급격히 증가한 인구의 주택난 해소를 위해 1988년부터 1992년까지 주택 200만 호 건설을 계획하였다. 거대한 건설사업을 앞둔 국가는 국민연금 재원의 일부를 공공부문 투자에 활용하기로 결정한다. 국민주택기금 형태로 주택건설자금을 활용하자는 논의로 급진전했다.[3] 다른 한편으로는 노동자들의 소득수준 향상도 연금 재원 형성에 한몫했다. 1970년대 후반까지만 해도 근로소득자의 절반만이 세금을 낼 수 있었고, 많은 노동자가 최저생계비조차 벌기 힘든 상황이었다. 그러나 1980년대 후반에 이르면 기업과 노동자들의 소득수준이 상당히 향상되면서 사회보험료 부담을 지울 수 있는 기반도 그에 따라 넓어졌다.

---

3   1981년 제108회 국회 보건사회위원회 회의록과 제5차 경제사회발전 5개년 계획의 사회보장부문계획. 보건복지정책연구소의 사회정책연구를 참고했다.

국민연금 출생과 관련된 두 번의 입법은 모두 경제발전을 위한 목적으로 이루어졌다. 국가는 자금을 마련하기 위해 제도를 도입했다. 여기에 미래에 나타날 노인인구의 소득보장에 대한 구상은 끼어들 틈이 없었다. 물론 세계 최초로 공적연금을 입법화했던 독일도 정치적 목적을 위해 연금법을 마련했다. 그러나 제도 도입 이후 독일과 한국에서 국가가 취했던 태도에는 상당한 차이가 있다. 독일은 국가의 독점적 운영을 거부하면서 사회보험 가입자가 중심이 되어 제도의 구조를 발전시켜 왔다. 반면 한국은 똑같은 사회보험 형태이지만, 가입자 중심이 아닌 국가의 목표와 통제로 제도가 운영되어 왔다. 국민연금의 출생부터 제대로 고려되지 못했던 '노후소득보장'은 현재까지도 충족되지 못한 채 국가는 여전히 '돈'에만 관심을 쏟고 있다.

2 국민연금에 대한 누적된 오해

국민연금은 공적연금이라기보다는 보험의 이미지가 더 크다. 제도 도입 때 노후소득보장을 강조한 것은 아니었지만, 그간의 개혁 과정을 통해 보험이라는 인식은 커졌다. 여기서 다음과 같은 오해가 발생한다. 국민연금이 사보험이나 개인적금(저축)과 차이가 없다는 것이다. 연금개혁의 역사에서 빚어진 국민연금에 대한 오해에서 한 발자국 더 들어가보자.

국민연금은 적금이 아닙니다

*

국민연금제도가 운영된 지 35년이 넘었지만, 연금은 여전히 적금으로 인식되고 있다. 연금재정은 제도의 중요한 부분이지만, 연금개혁 논의가 재정문제로만 집중되는 또 다른 이유는 국민연금을 개인적금처럼 오해하는 것에서 비롯된다. '국민연금=저축(적금)'으로 각인된 까닭은 제도 도입기 정부가 취한 국민연금에 대한 태도와 이후 빚어진 5차례 재정계산을 둘러싼 이해관계 충돌에서 그 원인을 찾을 수 있다.

전두환 정부는 국민연금 보험료를 걷는 데에만 관심이 있었기 때문에 사회보험으로서의 노후소득보장 기능보다는 저축으로 '쌓아놓는' 개념을 강조하였다. 당시 정부는 낮은 보험료율(3%) 대비 높은 소득대체율 (70%)을 조합해서 제시하였다. 그 시절의 약속대로라면 정부가 40년 동안 매달 소득의 일부를 열심히 걷어가서 노인이 된 국민에게 평생 생애소득의 70%를 매달 현금으로 주는 아름다운 미래가 펼쳐져야 한다. 그런데 당시 약속한 그 미래가 2024년 지금이다.

현실은 어떠한가? 상상했던 장밋빛 미래는 고사하고, 연금 얘기만 나오면 누구 하나 목소리를 낮추는 법이 없다. 이 논의는 5년마다 하도록 법으로 규정되어 있어 끝자리 숫자가 3과 8인 해마다 등장한다. 전문가의 백가쟁명식 대안이 넘치고, 그 어떤 방향도 확실히 정하지 못하는 정부는 좌불안석이며, 언론은 부채질하기에만 급급하다. 이런 상황에서 국민의 불안은 점차 커질 수밖에 없다. 그중에서도 변하지 않는 것은 지난 25년의 논의가 '연기금 고갈'이라는 공포의 연속이었다는 점이다. 연금이 저축 중에 하나라면 이렇게 시끄러운 연금개혁 문제는 온전히 '저축금(모인 돈)이 잘 보관되었는가'의 문제로 집중될 수밖에 없다. 그런데 정말 '돈 모으기'의 문제인가? 돈만 모으면 연금문제는 사라지는가?

보험료를 모으고 적립했다가 돌려주는 것이 아닙니다

*

안타깝게도 연금에서의 돈 이야기는 단순히 '모으고, 쌓아놓았다가 돌려 주는' 그런 문제가 아니다. 저축의 관점에서 '모으고, 쌓아놓고, 돌려주 고'라는 3단계는 간단할 것 같지만, 사회보장제도의 관점에서는 첫 단계 이후부터 난관에 봉착한다. 국민연금은 매달 소득의 일부를 보험료로 기 여해서(내고, 더 정확히는 소득에서 원천징수되어 떼었다가) 소득이 중단되는 시기에 돌려받는 위험분산제도이다. 노년기 소득중단은 퇴직 후 노동소 득이 단절되거나, 당사자의 사망으로 남은 가족의 생계유지가 어려워지 면 발생한다. 이러한 '소득단절의 위험'에 대비하는 제도가 바로 국민연 금이다. 위험분산이라는 말에는 한 개인의 생애를 기준으로 혼자서 노후 를 준비하는 것이 아니라, 같은 시대를 살아가는 경제활동인구의 공동 대 처라는 의미가 포함되어 있다. 일하는 사람은 현재 노인 세대를 부양하는 비용을 마련하고, 동시에 미래 세대에게 그들의 노후소득을 보장받게 될 것을 계약한다. 노후빈곤의 위험을 전 인구가 분담한다는 이 계약은 사회 가 지속되는 한 계속된다. 앞서 얘기한 사회적 필요에 대한 공동의 대응 도 같은 맥락에서 이해할 수 있다.

우리의 오해는 '정부가 개인의 보험료를 개개인의 계좌에 모았다가 노 년기에 "뻥튀기"해서 돌려주는 게 아닌가' 하는 생각에서 나온다. 공적연 금은 그렇게 작동하지 않는다. 정부(정확히는 정부 대신 제도를 운영하는 국민연금공단)는 매달 연금보험료를 모아서 그달에 연금을 받도록 예정된 노인에게 연금급여를 지급한다. 재분배가 이루어지는 것이다. 그렇다면 내가 낸 돈은 저축은 고사하고 당장 사라지는 것인가? 알고 보니 저축도 아니었고, 이미 모아놓은 돈도 없는 것 아닌가? 언론에서 연금개혁 논의가 이루어질 때마다 떠드는 기금 고갈이 직접적인 증거가 아닌가? 그렇지 않다!

적립방식이 아닌 부과방식이 적용됩니다

*

다시 첫 번째 단계로 돌아가보자. '모으고'에서 연금급여로의 지급이 바로 이루어진다면, 2023년 6월 기준 국민연금기금으로 공시되고 있는 983조 원은 이미 15년 이상 노인들에게 매달 지급하고 남는 돈이 그 정도라는 것이다. 거의 1000조가 남아 있는 이 돈은 잘 '쌓인(모인)'[4] 돈이다. 현재 소득이 있는 국민은 모두 (예외 없이) 매달 세금과 함께 4대 보험료(연금, 건강보험, 고용보험, 장기요양보험)를 원천징수 당한다. 이 중 연금으로 매달 걷히는 보험료는 약 46조 원이다. 2023년 5월 말 기준으로 연금 가입자가 약 2230만 명이니, 이들이 각자 소득에 맞춰 낸 보험료가 약 46조 원이고, 같은 시점에 648만 명의 노인이 노령연금으로 받은 총액이 약 23조 원이다. 보험료 수입과 급여 지출 간 현금이전이 즉각 이루어져도 연금급여를 받는 사람보다 보험료를 내는 사람이 더 많아서 남은 돈은

4 '내 곁의 국민연금'이라는 애플리케이션에 들어가면 국민연금기금운용본부에서 공시한 국민연금기금을 볼 수 있는데, 2023년 6월 현재 983조 원의 기금적립금이 있고, 이 중 운용수익금이 535.3조 원이다. 따라서 이를 온전히 모은 돈이라고 보기 어렵다. 보험료는 하나의 기금으로 모여 운용되고 있다.

투자를 통해 운용하고 있는 것이다. 가입자 대비 수급자 비율을 따져보면, 2023년 현재 약 4명의 일하는 사람이 1명의 노인을 부양하고 있는 셈이다(부양률 약 3.44%). 아직 국민연금을 통한 부양률은 안정적이라고 할 수 있으며, 재정적 부담은 덜한 편이다.

대다수 국가는 매달 연금보험료를 걷어서 노인에게 바로 연금을 지급하는 방법, 즉 부과방식으로 공적연금을 운용한다. 한국은 적립방식인 것처럼 얘기하고, 학자들마다 수정적립방식 혹은 수정부과방식이라고 하여 쓰는 용어도 다르다. 법에서도 수정적립방식이라고 명시하고 있다. 그만큼 재정운용의 현실에 대한 해석 방향이 제각각이다. 그래서 '수정'의 개념을 고치거나 바뀔 수 있다는 의미로 해석하기보다는 적립방식에서 부과방식으로 전환되는 것처럼 설명한다. 즉 적립된 기금이 소진되고 나서 온전한 부과방식이 되고, 그러면 갑자기 보험료 부과가 늘어날 것이며, 그 보험료 '폭탄'을 떠맡게 되는 세대가 미래 세대라는 논리 전개가 가장 많이 통용된다. 그러나 이미 부과방식으로 운용되고 있으므로, 보험료 부과가 폭탄처럼 늘어날 일은 없다. 그렇게 만들지 않기 위해 보험료 조정을 포함한 연금개혁 논의를 5년마다 하는 것이다.

언론에서 우려하며 키워 온 미래 이야기를 해보자. 국민연금기금이 현재는 쌓여 있어도, 앞으로 돌려줘야 할 사람들이 늘어나며, 그에 따라 지급해야 할 연금액 자체도 늘어난다. 2023년 현재 40년 완전노령연금 기준을 충족하는 연금수급자는 없어서 연금을 받는 (신규) 노인들의 월평균 연금액은 70만 원이 채 못 된다. 본격적으로 베이비붐 세대가 모두 은퇴하면 가입기간을 더 충족한 노인이 늘어날 가능성이 있고, 가입기간에 따라 더 높은 연금급여를 받을 수 있을 것이다. 향후 1차, 2차 베이비붐 세대가 매년 약 100만 명씩 은퇴하게 되면 늘어나는 노인인구 수만큼 연금급여 지급액도 커질 것이다. 그래서 쌓아놓은 돈이 줄어드는 시점이 2040년부터 시작된다는 경고가 재정계산을 통해 알려져 있다. 연기금으로 모아놓은 돈이 줄어드는 속도는 지금까지 쌓아놓은 것과는 별개로 훨씬 빠를 것으로 예상된다.

더욱이 인구구조도 바뀌고 있다. 근로활동을 할 수 있는 인구가 줄고, 일자리도 사라지면서 오랫동안 일을 못하는 인구는 늘어날 수 있다. 경제활동인구가 줄어든다는 것은 부양할 수 있는, 보험료를 납부할 수 있는 인구가 적어지고 부양률을 높인다는 뜻이다. 얼마나 변화될지, 어느 정도의 속도로 바뀌게 될지에 대한 예측과 가정이 필요하다. 계속 조금씩 제도를 수정해야 할 근거도 바로 여기에서 나온다. 그래서 5년마다 재정계산을 하도록 이미 법적으로 규정한 것이다. 문제는 재정계산을 해서 나온 수치의 해석 방향이 엉뚱하게 가고 있다는 점이다.

강조하지만, 갑자기 인구절벽이 생기고, 그래서 보험료를 하루 사이에 2배로 올리는 일은 불가능하다. 재정계산을 통해 나온 경고를 급격한 제도 수정을 해야 할 것처럼 오보하고 공포감을 조성하는 것이 문제이다. 대비의 방향이 한쪽으로 쏠려 있는 것도 문제이다. 아무것도 하지 않고 미래를 맞이하는 것처럼 호도하고, 그래서 미래 세대에게 내일을 기대할 수 없게 만드는 것이 현 재정계산 결과의 실태이다.

다르게 맞이하는 노년, 삶은 계속된다 :
연금제도 설계 배경

*

지금까지 우리는 연금제도의 운용원리를 살펴보면서 내 돈을 모았다가 다시 돌려받는 방식이 아니라는 걸 확인했다. 노후에 보장받는 소득은 실물로 모인 돈이 아니라 소득활동 기간에 원천징수로 납부된 기록을 통해 결정된다. 물론 기준은 있다. 현재 보험료는 소득의 9%이고, 소득대체율은 생애소득의 40%가 될 예정이다. 40%의 소득대체율을 충족하기 위해서는 40년간 보험료를 내야 한다. 소득이 있는 사람은 가입기간 동안 보험료 납부를 통해 연금기록(기여이력)을 쌓는다. 현재 노인에게 지급되는 연금급여는 1988년 이후 보험료를 냈던 기간과 약속된 소득대체율을 계산[5]해서 얼마를 지급할지 결정된 것이다.

모으고 지급하는 방식을 다시 검토해보자. 왜 정부는 이런 연금제도를 설계했던 것일까? 각자도생으로 노년기를 준비해야 한다면, 노년기를 대비한 연금 '쌓아놓기'는 경제활동참가가 시작되는 시기인 20대 전후(지금은 20대 후반에서 30대 초반으로 늦춰지기는 했지만)부터 병행되어야 한다. 그러나 모든 사람이 일을 시작하면서 노년기 소득이 중단되는 시점을 고려해 생계를 유지하지는 않는다.

노년기 소득중단이 발생하는 시점도 다르며, 대비할 방법도 다양하다. 개인은 이자소득이나 부동산을 생각하기 쉽다. 코로나 시기를 거치면서 대한민국에 본격적으로 "투자" 바람이 불었고, 임금이 오르지 않는 침체

---

5   소득대체율은 그동안의 개혁으로 인해 적용되는 수치가 다르다.

된 경기에서 주식, 채권, 부동산 등을 노후소득의 대안으로 생각하는 경향이 늘었다. 그러나 이 방법은 충분한 소득과 어느 정도의 자산을 가지고 있는 사람이 생각해볼 수 있는 대안이다.[6] 아직도 투자라고 하면 왠지 위험하다는 생각이 들어서 가장 안정적인 저축을 선택하는 경향이 크다.

돈을 모으는 데에만 집중한다면, 길어진 노년기를 대비하기 위해서는 일할 수 있을 때 소득의 절반 정도를 저축해두는 것이 좋다. 최소한 1/3은 저축해야 수지타산이 맞을 것이다. 이제는 일하는 기간과 은퇴 후 소득이 중단되는 기간이 1:1 수준이므로 수지타산을 생각하지 않을 수 없다. 여기서 수지타산은 적정한 노후생활을 유지할 수 있는 수준과는 다른 개념이다. 노후에 어느 정도의 소득으로 생활할 수 있는지에 대한 판단은 개인마다 다르다. 더욱이 경제활동참가 시기의 소득은 처음에는 낮은 임금에서 시작했다가 경력이 누적될수록 커졌다가 은퇴 직전에는 거의 고정되는 형태를 띤다. 따라서 경제활동 시기에 한 달 생활비 규모와 은퇴 이후 생활비 규모는 달라질 수밖에 없다. 어느 정도로 저축을 하면 길어진 노년기를 불안하지 않게 버텨낼 수 있을까? 결정적으로 남은 기대여명이 다르고, 각자 모아놓은 돈의 규모가 다르므로 평균값으로 말하기 힘들다.

국가가 이러한 어려움을 책임지고 일정 수준의 보험료로 노년기 소득 중단의 위험으로부터 시민을 보호하기 위해 만든 것이 연금제도이다. 연금제도는 적금과 같이 매달 내 소득의 일부가 떨어져 나간다는 점에서

---

6 어쩌면 이 말도 틀렸다. 이제는 누구나 투자를 고민해야 하고, 투자를 고민하지 않는 것은 유죄라고 할 정도이다. 소득과 자산이 없는 사람들에게 시드머니를 모으라고, 그래서 우선 100을 모아서 투자하고, 100을 1000으로 만들고, 2000이 모이면 부동산 투자를 생각해보라는 식의 이야기는 이제 우리 주변에서 일상적인 대화가 되었다.

만 유사하다. 돈이 모이는 방법과 모인 돈이 나에게 돌아오는 경로는 적금(저축)과 완전히 다르다. 돈이 모인 상태에서 돌려받는 게 아니라면 연금에서 돈의 문제는 다른 관점에서 접근해야 한다. 일부 전문가들은 '재정'이라는 용어를 쓰면서 1년 단위의 정부 살림과는 별개로 장기간의 재정 규모를 구상하고 예측하고 대비하려고 한다. 이것이 연금개혁 논의의 핵심 쟁점이다. 오죽하면 연금개혁을 위한 논의 과정을 '재정계산'이라고 이름 붙였겠는가![7]

국민연금제도를 돈의 문제로만 논의한다면 갈등은 계속될 수밖에 없다. 돈 이야기 이면에 담긴 '얼마나 더 받을 수 있을까?'(소득대체율), '얼마나 더 모아야 하나?'(기금운용), '얼마나 더 내야 하나?'(보험료율)라는 문제는 사회구성원의 중요한 합의사항이다. 이 세 가지 조합으로 노년기의 나와 내 친구의, 이웃의, 시민의 삶의 수준이 결정된다. 소득이 있을 때 많이 내고 노년기에 많이 받을 수 있다면 걱정이 없겠지만, 각기 다른 소득수준에 저마다 기여할 수 있는 부분이 다른 상황에서는 쉽지 않다. 그렇다면 우리는 제도를 통해 무엇을 목표해야 하는 걸까? 이는 아마도 누구나 소외되지 않고 최소한 적정한 수준의 노년기를 누리는 일일 것이다. 물론 충분하지도 않은데 적정 수준의 노후생활을 유지하기 위한 조합은 간단히 맞춰지지 않는다. 변화는 서서히 일어나겠지만, 미래는 급박한 것처럼 느껴질 수 있다. 하지만 확실한 것은 조금씩 더 내고 적정 수준을 보장받을 방법을 돈의 흐름이라는 관점에서만 모색하면 그 답을 찾기 어렵

---

7 2023년은 독특하게도 지난 20년간 논의했던 방식과는 아예 다르게 재정을 최우선 목표로 설정하고 위원회를 구성하고 대안 논의가 이루어졌다. 재정계산과 재정중심 연금개혁 논의는 다음 절에서 상세히 설명한다.

국민연금 가치 선언

다는 사실이다.

3   국민연금만의 특기이자 필살기

국민연금에 대한 오해를 풀었다면, 본격적으로 제도에 대한 탐색에 나서
보자. 국민연금은 사회보험으로 운영된다. 사회보험은 사회적 위험을 사
회적 필요로 이해하고 사회구성원이 함께 대비하는 사회보장제도이다.
노후의 소득상실이라는 사회적 위험을 함께 책임지기 위한 국민연금제
도만의 특징이 있는데, 이는 의무가입과 소득재분배, 그리고 국가의 관리
를 통한 인간다운 노후생활의 지향이다.

사회연대를 위한 의무가입

*

국민연금의 중요한 특징은 의무가입이다. 일부 가입자들은 국민연금의
의무가입에 불만을 느끼지만, 누구나 국민연금에 차별 없이 가입하는 게
중요하다. 여기에는 두 가지 이유가 있다. 첫째, 의무가입은 보험의 위험
분산 효과를 높인다. 일반적으로 보험은 구매자의 잠재적 위험을 정확하
게 알 수 없으므로 최악의 위험을 전제로 보험료를 부과한다. 자신의 위
험에 비해 보험료가 높다고 판단하는 사람들은 이 부담을 피하려고 보험
에서 빠져나간다. 이러한 경향이 강해지면 결국 위험이 큰 사람들만 남게
되는 역선택adverse selection 문제가 발생한다. 만약 국민연금이 의무적이
지 않다면, 위험이 닥쳤을 때 현금을 동원해서 문제를 해결할 수 있는 고

소득자는 공적연금에 가입하지 않을 것이다. 위험으로부터 안전한 사람과 위험 부담이 큰 사람이 하나의 제도에 포함되어야 소득이전을 통해 보험이 운영될 수 있다. 그러나 역선택 문제가 발생하면, 고소득자와 저소득자 사이의 수직적 소득재분배가 어려워져 보험의 기능을 유지하기 어렵다.

국민연금 의무가입은 위험분산의 효과를 높이고, 고용주의 사회적 부양에 대한 책임을 강화하며, 재분배 효과를 높이기 위한 필수 원칙이다. 앞서 자본가와 노동자의 타협을 살펴봤듯이 고용주는 노동력을 사용하는 것에 대한 책임을 져야 한다. 보험료를 분담하는 것은 사회적 부양의 책임을 나누는 것이다. 고소득자와 저소득자가 모두 공적연금에 의무가입하면 소득재분배의 부담이 줄어든다. 또한 가입자가 많을수록 사회적 부양에 필요한 재정을 더 확보하는 것이므로 적은 비용으로도 위험에 대비할 수 있는 위험분산 효과가 커진다.

의무가입이 필요한 두 번째 이유는 연금이 가치재merit goods이기 때문이다. 연금은 미래에 소비되는 재화(현금)이다. 젊고 건강한 사람은 먼 미래에 발생할 소득상실을 미리 대비하기 어렵다. 즉 청년기에 노년기를 준비하는 사람은 많지 않다. 공적연금의 의무가입은 개인이 지금 당장 쓸 수 있는 현금이 줄어들게 할 수 있다. 그러나 경제활동기에 개인 선택의 일부를 제한하는 것으로 미래에 쓸 소득을 약속받을 수 있다는 점에서 가치재로서의 의미가 있다.

평등을 위한 소득재분배

*

국민연금의 두 번째 특징은 소득재분배를 통해 누구나 적정한 노후소득을 보장받을 수 있도록 한다는 점이다. 노년기 퇴직으로 인한 소득상실은 질병처럼 불확실한 것이 아니다. 퇴직 시점을 계획하거나 예상할 수도 있고, 개인이 마음만 먹으면 미래를 준비할 수도 있다(물론 계획대로 인생이 풀리면 다행이지만 인생은 예측불허이기는 하다. 그런데 그런 불안은 일단 접어두도록 하자).

그런데 질병처럼 갑자기 위험이 발생하지 않더라도, 당장의 준비가 어렵다면 얘기는 달라진다. 즉 개인이 의지가 있어도 당장 생계를 위한 소득이 불충분하다면 미래 대비는 생각할 수도 없다. 특히 한국 사회는 높은 사교육비와 주거비용으로 인해 사회 대다수 구성원이 고통을 겪고 있으며, 생활비 걱정으로부터 자유로운 국민은 많지 않다.

국민연금은 의무가입을 통해 이렇게 충분하지 않은 소득으로 노후대비가 어려운 많은 사람들을 제도 내로 포함할 뿐만 아니라, 소득이 낮은 사람들에게는 재분배를 통해 노후빈곤을 예방할 수 있게 해준다. 국민연금은 가입자 전체의 평균소득보다 소득이 적은 가입자에 대해서 더 많은 연금급여가 보장될 수 있도록 운영한다.[8]

국민연금이 소득재분배 기능을 한다면 고소득자에게는 불리한 제도일까? 고소득자도 연금제도 안에서 자신이 기여한 것보다는 많은 연금급

---

8 다만 재분배 원칙을 적용하더라도, 보험료를 냈던 기간이 짧아서 연금급여의 수준이 낮을 수 있다. 이런 경우 급여 사각지대로 구분하는데, 이에 대해서는 사각지대 쟁점에서 살펴본다.

여를 받는다. 일반적으로 사보험에서는 수지상등equivalent principle의 원리를 적용해서 보험료를 낸 만큼 연금급여를 받아갈 수 있도록 보험료 수입과 지출의 균형을 유지하려고 한다. 즉 가입자는 보험료 납부 총액에 따라 연금급여를 받는다. 사연금은 가입자의 보험료를 걷어 적립해 놓고 재정을 운용하기 때문에 수지상등의 원리가 그대로 적용된다. 즉 자기가 보험료를 내서 적립한 만큼, 적립해 놓은 총액의 범위 안에서 기간을 정하고 연금급여를 받는 것이다. 장기간 받을 것을 설계하면 매달 받는 연금급여가 적어지고, 기간을 짧게 설정하면 매달 받는 연금급여는 높아질 것이다. 그러나 이 원리는 공적연금에 그대로 적용되지 않는다.

국민연금은 낸 만큼 받는 게 아니라 필요에 따라 소득을 보장하는 제도이다. 그래서 사회적 필요에 대해 공감한다면 의무가입이 필수적일 수밖에 없다는 결론에 이른다. 소득재분배 기능이 가능한 이유도 공적연금이기 때문이다. 공적연금의 목표인 노후의 기본적인 생활보장은 누구나 가입자가 되고, 보험제도 안에 들어온 가입자는 누구나 차별 없이 노후소득을 보장받도록 하는 것이다. 물론 개인별 차이는 있다. 보험료 납입기간과 어느 정도의 기여를 담당했는지는 연금급여를 산정할 때 고려된다. 하지만 최소한의 보험료 납입기간을 충족하면(현재 국민연금은 10년) 연금을 지급하는 게 공적연금의 역할이다.

소득이 낮은 사람은 보험료를 상대적으로 적게 기여해서 연금급여 총액은 적을 수 있지만, 보험료 납입액에 비례해서 연금을 받지는 않는다. 가입자의 소득수준에 따른 큰 격차보다는 소득재분배 기능을 통해 노년기의 적정 소득수준을 맞춰주려고 하는 것이 공적연금의 필살기이다. 연대의 원리가 적용되는 사회보험제도에 반감이 커진다면, 이 제도의 운영은 어려워질 것이다. 따라서 공적연금의 재정 원칙으로는 수지상등보다 사회적 연대와 세대 간 연대를 더 중시해야 한다. 이 원칙을 모르거나 지우고 싶은 재정론자들은 공보험과 사보험의 경계를 흐리게 하면서 사회보험을 사보험처럼 보이게 만든다. 이는 국민연금에 대한 시민들의 오해와 불신을 야기하는 결과를 낳고 있다.

국가의 책임과 가입자의 감시

*

국민연금의 세 번째 특징은 국가가 제도를 만든 이후 보건복지부를 통해 관리하고, 공공기관인 국민연금공단에서 운영한다는 점이다. 사연금은 사기업이 상품을 개발해서 판매하고 관리·운영하지만, 공적연금인 국민연금은 국가가 제도 설계부터 운영까지 깊숙이 관여한다.

국민연금은 다른 사회보험과 다르게 장기적으로 운영되는 제도이다. 건강보험이나 고용보험의 경우 재정운용 기간이 일 년으로 완전부과방식에 입각해서 운영된다. 그러나 국민연금은 노년기를 맞는 국민에 대한 제도이므로 장기적으로 설계될 수밖에 없다. 예를 들면 노후를 위한 준비는 오늘 시작해서 내일 결과를 맺을 수 없다. 즉 노년에 이르기까지 시간이 필요하고 모든 세대별로 그런 과정을 겪는다. 그러므로 하나의 집합적인 제도 안에서 장기적으로 세대 간 위험을 분산하면서 공동체가 유지될 수 있도록 관리·운영할 수 있는 공신력 있는 주체가 필요한데, 국가가 그 적임자인 것이다.

국민연금은 국민연금공단이 관리·운영하는데 엄밀히 말하면 국민연금공단은 정부의 노후소득보장사업을 위탁받은 공공기관이다. 보험을 책임지고 관리·운영하는 주체를 보험자라고 하는데, 나라별로 보험자는 다르다. 예를 들면 독일은 국가와 보험자가 분리되어 있다. 보험자는 국가로부터 분리된 독립적인 지위에서 가입자의 이해관계에 따라 제도를 관리·운영해야 한다. 그런데 국민연금공단은 사회보험제도를 운영하는 기관임에도 보험자가 아니라, 정부로부터 공적연금사업을 위탁받은 기관이라는 점에서 독특하다. 국민연금공단의 이사장은 대통령이 임명한다. 국민연금제도와 관련된 각종 위원회와 5년마다 시행되는 재정계산과 관련된 전문위원은 모두 정부에 의해 위촉되고 임명된다. 따라서 정부의 의지와 성향으로부터 독립된 국민연금제도의 운영은 사실상 기대하기 어렵다. 더욱이 기획재정부 출신의 관료처럼 사회보장에 관한 관심이 적고 재정에 관심이 많은 인사들이 공단의 이사장으로 임명되기도 했다. 지난 국민연금의 역사 동안 노후소득의 보장성보다는 재정문제를 최우선으로 다룬 개혁이 반복적으로 다뤄진 배경에는 이러한 정치적 영향이 있다. 따라서 가입자들은 국민연금제도에 대한 주인의식을 되찾고 이 문제를 개혁할 필요가 있다.

현재 국민연금공단은 가입자인 시민을 위한 보험자의 기능과 역할을 대리해야 한다. 국민연금의 가입자인 시민은 피보험자로서 나눠야 할 책임과 마땅히 누려야 할 권리에 대한 균형 있는 정보를 제공받아야 한다. 균형 있는 정보를 적절히 제공받아야만 우리의 현재와 미래를 위해 사회적으로 선택할 수 있는 길을 제대로 고민할 수 있다. 가입자들이 선택할 수 있는 연금개혁의 경로를 국가와 공단은 책임감을 갖고 제시해야 한다. 국가는 그 누구보다 사회가 지속되도록 노력해야 할 주체이고, 공단은 국민연금을 통해 그러한 사회가 될 수 있도록 제도적으로 뒷받침해야 하는 주체이다. 그런데 정부가 연금개혁의 특정 목표를 위해서 위원회를 편향되게 구성하고 전문가 중심으로만 국민의 노후가 취사선택되도록 만든다면, 그 개혁의 결과는 온전히 국민이 감당해야 하는데 이는 분명 모순적인 것이다. 그러므로 국가와 공단의 관리·운영에 대한 가입자의 감시와 참여는 제도의 민주성과 발전을 위해 마땅히 필요하다. 이러한 요구가 정당한 것은 국민연금이 공적연금이기 때문이다.

인간다운 삶을 꿈꾸고 실현하기 위한 노력

*

공적연금은 자본주의 사회에서 노동력을 팔아서 돈을 벌기 어려운 퇴직자들에게 시장에서 더 이상 노동력을 팔지 못하더라도 인간답게 살아갈 수 있는 기회를 제공하는 제도로, 지구상의 많은 국가가 도입해 오늘날까지 유지해오고 있다. 자본주의 체제에서 더 이상 경제활동에 참여하지 못하는 사람들을 위한 인간적인 제도이자 사회구성원 전체의 연대를 통해 실현되는 제도라고 할 수 있다. 시장에서 각자도생하는 방식으로 해결할 수 없는 많은 문제에 대응하는 가장 보편타당한 제도이기 때문에 인류에게 꾸준히 지지를 받아 왔다.

그러나 공적연금이 필수 불가결한 제도라고 하더라도 국가마다 이 제도를 통해 지향하는 목표는 조금씩 다르다. 가장 큰 차이는 공적연금으로 보장해야 할 적정 노후소득보장의 수준일 것이다. 공적연금의 목표를 거론할 때 가장 보편적으로 인용되는 국제노동기구International Labour Organization,ILO는 30년 이상 가입, 40% 소득대체율 보장을 제시한다. 국제노동기구는 사회보호체계로서의 공적연금이 빈곤에 노출된 사회구성원에게 최저소득을 제공해야 하며, 노령·장애·사망 등 사회적 위험에 처했을 때 적절한 생활 수준을 보장하는 것을 목표로 해야 한다고 규정한다 (Whitaker, T. & International Organization. Social Security Department, 1997: 6). 유럽연합회원국EU은 국가별로 다소 상이하지만, 노인들의 빈곤 방지, 퇴직 후 합당할 정도의 생활 수준 유지, 세대 내·세대 간 연대 촉진을 공동의 목표로 하고 있다(EC, 2003: 23).

경제학자 바르Barr는 공적연금을 개인 또는 가구 단위에서 생애 전체적으로 소비를 평준화하기 위한 수단이라고 설명한다. 그에 따르면 공적연금은 생애 내내 빈곤에 노출되어 노후에 스스로 부양할 만한 저축 여력이 없는 사람들에게 자원을 집중적으로 배분하여 그들을 빈곤으로부터 구제해야 한다. 이런 소득재분배를 통해 다른 소득계층보다 저소득층에게 높은 소득대체율을 제공하는 목표를 달성할 수 있다고 보았다(Barr, N. & Diamond, P., 2009: 29~30).

국제노동기구와 경제학자의 제언에서 공통적으로 확인할 수 있는 공적연금의 목표는 다음과 같다. 첫째, 사회구성원 전체를 보호하는 체계로서 노령·장애·사망 등 사회적 위험에 처했을 때의 적정한 생활 보장(보편성과 적절성), 둘째, 세대 내·세대 간 연대를 통한 계층 간 통합과 지속가능성 확보, 셋째, 노후준비 여력이 없는 계층과 저소득계층에게 더 적절한 소득 제공(재분배와 적절성)이 그것이다.

공적연금이 지향하는 제도의 보편성, 연금급여의 적절성, 지속가능성은 그 자체가 제도의 지향점이 아니라 궁극적으로 인간다운 노후생활을 위해 보험자가 관리해야 하는 몫이다. 전 국민이 차별 없이 이 제도에 가입하고 40년 이상 보험료를 내면 노후에는 큰 걱정 없이 생활을 유지하

목표	원리	지향점
제도의 보편성 연금급여의 적절성 지속가능성	소득재분배: 계층 간 통합 세대 간 부양: 세대 간 연대	존엄한 노후

표1 공적연금의 목표, 원리, 지향점

고, 우리 부모 세대뿐만 아니라 자녀 세대에서도 존엄한 노후가 계속될 수 있게 하는 것이 공적연금의 최종 목표이다. 노동력의 값이 내려가도 사람답게 사는 삶을 유지시켜주는 품격 있는 사회를 그리는 것이다. 나이가 들어도 누구나 사람 대접받는 사회, 사회구성원이 믿고 의지할 데가 있는 사회, 함께 사는 사람들이 서로의 의존성을 인정하고 차별하지 않는 사회가 공적연금제도의 지향점이다.

제도의 보편성과 연금급여의 적절성은 목표로 제시되어 있지만, 궁극적으로 존엄한 노후를 보장하기 위한 과정이다. 그런데 연금개혁 논의에서는 이 목표를 개별적으로 다루면서, 모든 것을 동시에 달성할 수 없으니 하나만 선택해야 할 것처럼 말한다. 예를 들면 지속가능성을 좁게 해석하면 연금급여 적절성은 포기해야 하고, 더 많은 연금을 받으려면 소득재분배는 부당한 수단이라는 식이다. 특히 우리 사회에서 가장 민감한 연금 관련 주제는 재정의 지속가능성이다. 그러나 재정만 확보한다고 해서 존엄한 노후가 보장되는 건 아니다. 시야를 넓혀야 한다.

국민
연금
가치
선언

2

국민연금의
핵심
과제,
노후
소득보장

국민연금은 은퇴 후의 소득절벽을
절벽이 아닌 계단으로 만들어 삶을 영위할 수 있게 해준다.

국민연금에 대한 오해가 풀렸다면, 국민연금이 공적연금으로서 어떤 역할을 수행해야 하는지를 가늠할 수 있을 것이다. 국민연금의 가장 중요한 역할은 노후소득보장 기능이다. 이에 우선 공적연금의 존재 이유이자 역할과 관련하여 우리 국민의 노후준비와 노인빈곤 상태를 살펴본다. 이어서 국민연금의 보장성 수준을 낮은 소득대체율을 중심으로 살펴보고, 보장성 강화를 위한 대안을 논한다. 마지막으로 공적연금개혁과 관련된 기초연금의 딜레마와 노후소득보장체계의 역할 정립을 위한 방안을 기초연금과 국민연금의 관계를 통해 살펴본다.

1 한국의 노년과 노후준비

한국 노인은 어떻게 살아가고 있을까?
＊

국민연금이 없던 시기 노인들의 소득원은 무엇이었을까? 1983년 조사

국민연금 가치 선언

결과에 따르면, 노인의 78.2%는 자녀에게 부양을 받았다(민재성 외, 1986: 92). 당시 개발도상국가였던 한국에서는 복지국가를 상상하기 어려웠다. 국가는 가족의 노인 부양에 무관심했고, 그 결과 모든 위험을 개인과 가족이 짊어져야 했다. 그러나 개인과 가족의 부양책임은 영원한 것이 아니었다.

그로부터 40년이 지난 2023년 조사 결과를 보면, 60세 이상 시민 중 생활비를 본인과 배우자가 부담하는 비율이 76%, 자녀·친척으로부터 지원받는 비율이 12%였다. 즉 21세기의 한국 노인 100명 중 12명만이 가족의 부양을 받고 있다(통계청, 2023a: 44). 특히 노부모에 대한 부양 의식이 극적으로 변화했다. 이는 가족 개념과 기능이 달라졌음을 반영한다. 정서적으로 친밀한 관계로 여겨진 가족 개념도 변화하였고, 그 결과 가족에게 부과됐던 책임과 의무는 차츰 약화되었다. 부모 부양을 자녀가 책임져야 한다는 인식도 그에 맞춰 자연스럽게 약화되었다. 반면 가족의 부양의무를 정부와 사회가 책임져야 한다는 인식은 증가했다(송효진, 2023: 3). [그림 1]에서 확인할 수 있듯이 2002년 초반까지만 해도 부모 부양을 가족이 책임져야 한다는 생각을 10명 중 7명이 가지고 있었지만, 2020년에 와서는 그 비율이 2명으로 크게 줄어들었다. 반면 가족이 책임지던 부모 부양을 정부와 사회가 분담해야 한다는 인식은 같은 시기 18.2%에서 61.6%로 급증했다. 이는 사회경제적 변화에 따른 정서와 문화의 변화 추이를 반영한 것이다.

부양에 대한 인식이 변화한 만큼 한국이란 국가가, 우리 사회가 노후소득보장 확대 요구에 잘 대응해 왔는지 따져보자. 2023년 조사 결과에서 본인과 배우자가 생활비를 부담하는 60세 이상 노인들의 소득원을 살

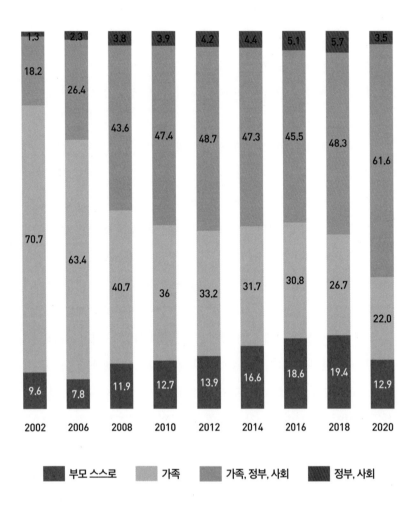

그림1   부모 부양에 대한 태도 변화 추이 (2002~2020년)

2002~2010년 조사는 15세 이상, 2012년 이후는 13세 이상 인구 대상 조사 결과,
2002년과 2006년 '기타'에 대한 응답이 각각 0.2%, 0.1%로 본 그래프에 포함되지 않
았다.

국민연금 가치 선언

펴보면, 근로소득이나 사업소득이 57.8%, 연금이나 퇴직급여가 29%, 재산소득이 8.1%, 예금이나 적금이 4.8%, 기타가 0.3%로 나타났다. 즉 국가와 사회를 통해 이루어지는 소득보장은 전체 소득의 30% 정도밖에 되지 않는다. 그 결과, 한국의 65세 이상 고용률은 36.2%로 OECD 회원국 평균 15.0%의 두 배 이상(2023 고령자 통계)으로 나타나고 있고, 고령인구의 소득부족으로 인한 소득활동은 지속되고 있다. 물론 높은 고령고용률은 교육과 건강 수준이 높아진 것과도 관련이 있지만, 무엇보다 국민연금을 포함한 공적연금으로 보장되는 소득수준이 낮기 때문이라는 것도 부정할 수 없다. 시민들의 인식은 변화했지만 국가와 사회는 이러한 변화에 조응하지 못하고 있다.

가족 부양의 빠른 쇠퇴에 비해 기초연금이나 국민연금과 같은 사회보장제도의 부양 기능이 충분히 확대되지 못한 결과 중 하나가 바로 한국의 높은 노인빈곤율이다. 고도성장기 산업역군이라 불리며 장시간의 저임금 노동을 감수했던 현 노인 세대의 빈곤율은 2021년 기준 37.6%[9]에 달한다. 이는 2012년 45.4%에 비해 7.8% 포인트 낮아진 것이지만 OECD 회원국 66세 이상 노인빈곤율 평균이 13.1%인 것을 고려하면, 여전히 다른 국가보다 심각하다(OECD, 2021). 더욱이 고령인구 증가 속도를 고려해 보면 빈곤율을 획기적으로 낮추지 않는 한 빈곤문제는 줄어들지 않는다. 즉 노인인구 수가 빠르게 증가하는 가운데 빈곤율이 그 이상의 속도로 떨어지지 않는다면 우리 사회에서 빈곤노인의 수는 더 늘어갈 것이다.

한 연구에서는 현 노후소득보장제도를 유지하면, 2060년에는 노인빈

---

9 65세 이상 노인의 가처분소득을 기준으로 한 상대빈곤율로, 균등화 중위소득의 50% 이하에 해당하는 가구의 비율이다. 자료는 통계청의 「소득분배지표」 참고했다.

곤율이 26~28%에 달할 것으로 추정하였다(안서연·최광성, 2023). 노인인구가 약 40%에 이르는 시기에 빈곤율이 이 정도라면, 30~40년 후에도 노인빈곤 문제는 여전히 심각할 것으로 예상된다. 그러므로 현재 수준의 노인빈곤 감속 속도로는 도저히 초고령화에 대응하기 어려울 것이다.

이러한 노인빈곤 문제를 해결하기 위해서는 어떻게 해야 할까? 이에 관해 논하기 위해서는 우선 우리의 노후준비 상태에 대해 살펴볼 필요가 있다. 기초연금과 국민연금 같은 사회보장제도와 사연금의 역할에 대해 우리는 어느 정도로 기대할 수 있는 걸까?

당신의 노후, 준비하고 있나요?

*

2023년 노후준비 방법에 대한 조사 결과를 보면, 주된 수단으로 국민연금을 선택한 응답률이 59.1%로 나타났다. 2005년 33.9%에서 무려 25.2% 포인트나 증가한 수치이다. 조사 대상인 19세 이상 시민 10명 중 약 6명은 국민연금을 가장 중요한 노후소득보장 수단으로 여기고 있다.

국가는 국민연금의 보장성을 축소하면서 다층노후소득보장(공적연금의 역할을 줄이고 사연금이 그 역할을 보완할 수 있게 하는 노후소득보장체계)을 강조하지만, 퇴직연금과 사연금으로 노후소득을 준비하는 사람들의 규모는 미미하다. 주된 노후준비 수단이 퇴직연금이라 응답한 사람은 2005년과 2021년 사이 소폭 변화가 있었지만 3.8% 수준에 머물러 있고, 사연금이라 응답한 비율은 21.4%에서 6.5%로 오히려 15% 포인트 가까이 하락했다.

이처럼 우리 국민에게 국민연금이 노후소득보장의 주요 수단으로 자

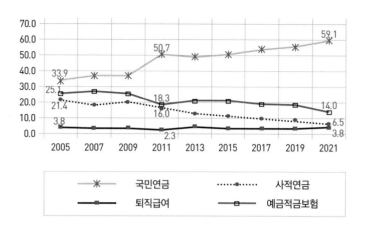

그림 2 연도별 노후준비 수단 응답 변화 추이

리 잡게 된 배경에는 의무가입제도라는 사회보험제도의 특징이 있다. 보험료 납부의무가 사회적으로 관리되는 것이다. 반면 퇴직연금과 개인연금은 고용 및 소득의 불안정성, 경기변동 등 다양한 요인이 가입과 유지에 그대로 영향을 미친다. 경기가 좋지 않거나 해고되거나 예상치 못한 실업과 같은 소득상실이 닥치면, 사연금의 가입을 유지하기가 어렵게 되고 많은 이들은 손해를 보면서 이를 해지한다. 퇴직연금에 비해 개인연금은 애초에 보험료 부담을 크게 느끼는 저소득계층의 가입률이 낮을 수밖에 없으며, 장기계약을 유지하는 것은 더더욱 어렵다. 그 결과, 〔그림 2〕와 같은 노후준비 경향이 두드러지게 나타난다.

이러한 불안정성을 고려한다면, 국민연금 기능을 축소하고 사연금을 강화해서 노후준비를 강화한다는 다층노후소득보장 구상은 이론적인 것일 뿐 실제 사람들의 삶과 어울리지 않는다. 결국 '국민연금을 통해 어느 정도 노후소득이 보장될 수 있는지'가 국민의 노후를 결정지을 수밖에 없다.

2 국민연금의 낮은 소득대체율 문제

소득대체율과 적정 소득대체율

*

국민연금의 보장 수준을 가늠하기 위해 흔히 쓰는 것이 소득대체율이란 개념이다. 소득대체율로 우리는 현재와 미래의 국민연금 보장 수준을 알아보고 다른 나라의 공적연금과도 비교를 한다.

은퇴 후를 상상해보자. 당장 다음 달부터 임금은 들어오지 않고, 나는 더 이상 '일'을 하는 사람이 아니다. 은퇴했으니 다시 일자리로 돌아갈 가능성은 적다. 어떠한가. 막막하지 않은가? 은퇴라는 소득절벽과 마주한 상황에서, 일하는 시기에 받던 임금의 일정 비율만큼을 은퇴 후부터 생의 마지막까지 평생 받는 것을 사회적으로 약속한 제도가 국민연금이다. 국민연금은 소득절벽을 절벽이 아닌 계단으로 만들어 삶을 영위할 수 있게 해준다.

국민연금과 같은 사회보장제도에서 '일하는 시기에 벌었던 소득에 대한 연금액의 비율'을 소득대체율이라고 한다. 연금가입기간의 평균소득 대비 연금수령액의 비율로 정의된다. 따라서 소득대체율의 높고 낮음은 일하던 시기의 임금에 대비해서 내가 받는 연금액이 어느 정도 수준인지를 나타낸다. 위 비유에 적용하자면, 소득대체율은 은퇴라는 소득절벽에서 추락하지 않도록 놓인 국민연금이란 계단이 얼마만큼의 높이인지를 보여준다.

소득대체율은 국민연금 급여계산식에 설정되어 있는데 가입기간이 길고 보험료 기여 수준이 높으면 올라가게 되어 있다. 국민연금은 40년 간 가입하고, 연금을 받을 수 있는 나이가 되면 생애 평균소득의 40%(2차 연금개혁 반영)를 받도록 급여수준이 설정되어 있다. 예를 들면 40년 동안 월평균 300만 원의 소득이 발생하여 빠짐없이 보험료를 냈다면, 월 120만 원의 연금급여를 받게 된다. 물론 국민연금에는 강한 소득재분배 요소가 들어가 있어서 보험료 기여 수준에 따라 연금 수준, 즉 소득대체율이 그대로 비례해서 올라가는 것은 아니라는 점에 주의할 필요가 있다. 중요한 것은 국민연금은 기여 수준과 기여 기간에 따라 은퇴 후 소득보장 수준이 미리 확정된다는 것이고,[10] 이것이 소득대체율로 표현된다는 것이다. 국민연금 소득대체율을 통해 우리는 국민연금의 보장 수준을 판단할 수 있다.

국민연금제도의 기본적인 역할이 은퇴 이후 빈곤을 예방하는 것이라 할 때, 소득대체율이 지나치게 낮은 연금제도에서는 은퇴 이후 노인들이 빈곤해지는 것을 막을 수 없다. 즉 소득절벽 아래 디딤돌이 지나치게 낮아서 있으나 마나 한 정도라면, 은퇴자들은 발을 딛고 제대로 서 있을 수 없다. 즉 보장 수준이 지나치게 낮다면 노후소득보장제도로서 국민연금 본연의 기능은 무의미해질 수 있다. 그래서 적정한 수준의 소득대체율을

---

10 물론 국민연금 앱을 통해 현재 시점에서 연금수급액을 추정할 수는 있다. 다만 예정되는 노령연금액이 개인에게 어떻게 받아들여질지는 가늠하기 어렵다. 즉 액수가 제시되는 순간 연금액을 충분하게 느끼는지 혹은 부족하게 느끼는지에 대한 개인의 판단은 다 다르다.

설정하는 것은 국민연금제도에 있어 핵심이다. 가입자 입장에서는 국민연금이 적정 수준으로 소득을 보장하는 것이 중요한데, 은퇴 이후를 미리 준비하기 위해 수십 년 동안 보험료를 납부하고 받는 사회보장급여가 소위 용돈 수준이 되어서는 생활 유지를 할 수 없기 때문이다.

그렇다면 어느 정도가 적정한 소득대체율이라고 할 수 있을까? 어느 정도가 충분한 노후소득보장 수준인 걸까? 연금보장 수준에 대한 적절성은 시점마다, 즉 매월 받는 연금급여로 환산할 때 작용하는 여러 요소에 의해 달라질 수 있다. 예를 들어 월 100만 원은 눈에 잘 보이지만, 개인의 생활 수준과 시기별 인플레이션을 고려하면 그 가치를 정확히 결정하기 힘들다.

적정 수준을 평가하는 것에 대한 혼란을 방지하기 위해 국제기구에서도 연금급여 적절성의 기준을 공표하고 있다. 대표적으로 국제노동기구의 기준은 30년 이상 가입, 40% 소득대체율 보장이다. 이 기준은 1967년에 발표되었다. 세계은행World Bank도 2005년 기준으로 40년 가입, 소득대체율 40~60%를 제시하고 있다. OECD도 한국경제보고서OECD Economic Surveys:Korea를 통해 한국 국민연금의 적정 소득대체율 확보를 여러 번 권고했는데, 2022년에는 45%였다.

국민연금의 소득대체율, 어느 정도일까?

*

알려진 것처럼 국민연금의 현 급여수준은 명백히 낮다. 지금 국민연금은 노후빈곤의 어려움을 덜어줄 수는 있지만, 노후빈곤을 예방하기에는 턱없이 부족하다. 2022년 말 기준, 나이가 들어 받게 되는 노령연금액이 월

60만 원 이하인 사람이 수급자의 70% 이상이다. 국민연금에는 노령연금 뿐만 아니라 가입 중 장애로 인해 받게 되는 장애연금, 가입자나 수급자가 사망할 때 가족을 위해 지급하는 유족연금이 있는데, 유족연금이나 장애연금 수준은 훨씬 더 낮다. 노령연금 평균액도 2023년에는 기초생활보장제도 생계급여 최대액 62.3만 원(1인 가구)과 비슷한 수준이었다. 즉 꾸준히 기여해서 보장받는 국민연금이 빈곤함을 증명하고 제한적으로 보장받는 생계급여와 별로 다르지 않다. 국민연금 급여수준이 지금과 같이 낮으면 공적연금으로서 제 기능을 하지 못한다.

과거에는 국민연금 저급여의 원인을 짧은 연금제도 역사에서 찾았다. 하지만 1988년에 도입되어 이미 35년 이상이 된 이 제도의 미흡한 보장성을 이제는 이런 식으로 설명할 수 없다. 더욱이 제도의 역사가 문제라면 지금 노인보다 미래 노인의 국민연금 보장 수준이 크게 높아져야 정상이다. 특히 먼 미래로 갈수록 보장 수준은 현격히 차이가 나야 한다. 과연 현재 노인 세대에 비해 지금 일하고 있는 세대는 앞으로 더 높은 수준의 국민연금을 받게 될까? 더 먼 미래의 노인에 대한 보장 수준은 과연 어떨까?

70년 후 재정추계 기간인 2093년까지 예측해도, 국민연금 급여수준(가입기간을 고려한 실제 소득대체율)은 30%에 이르지 못한다. 고령화가 빠르게 진행되는 가까운 미래에는 문제가 더 심화될 것이다. 2030년 은퇴자보다 2050년 은퇴자의 연금급여수준은 더 낮아질 것으로 추정된다. 분명 2030년 은퇴자보다 2050년 은퇴자가 더 오래 보험료를 내고 더 늦게 은퇴함에도 불구하고 국민연금 급여수준은 오히려 더 떨어진다. 이유가 무엇일까?

핵심은 2007년 국민연금 급여 삭감 조치로 인해 지금도 매해 국민연금 소득대체율이 떨어지고 있다는 데에 있다. 연금개혁 이전 60%였던 급여계산식의 소득대체율은 매년 0.5% 포인트씩 떨어져 2023년 현재 42.5%이고 2028년에는 40%가 된다. 젊은 가입자일수록 2007년 이후 소득대체율이 떨어진 이후 가입기간 비중이 더 커진다. 젊은 가입자일수록 국민연금 급여 삭감의 영향을 더 크게 받는 것이다. 그래서 2050년에 국민연금을 받는 사람들은 2030년 수급자보다 더 오래 보험료를 내도 그만큼 보장 수준이 높아지지 않는다. 계속 이어지는 국민연금 소득대체율 삭감을 어느 수준에서 되돌리지 않는다면, 국민연금에 더 오래 가입한 젊은 가입자에 대한 보장 수준이 오히려 낮아질 수도 있다. 이는 국민연금제도가 성숙기에 이르러도 제대로 된 노후소득보장 기능을 할 수 없게 된다는 것을 의미한다.

경제적으로 발전한 OECD 국가들과 비교해 봐도 한국의 국민연금 소득대체율은 하위권이다. 법적으로 정해진 가입기간을 모두 채운 평균임금 노동자의 공적연금 소득대체율을 보면, 국민연금은 평균임금 대비 31.2%이다. 가입할 수 있는 모든 기간을 충족해도 국민연금의 급여수준은 OECD 평균 공적연금 보장 수준인 42.2%에 미치지 못한다. 저임금(평균임금의 1/2 수준), 고임금(평균임금의 2배 수준) 가입자에게도 이는 마찬가지이다. OECD 국가 중 한국보다 평균임금 가입자의 소득대체율이 낮은 국가는 에스토니아, 리투아니아, 폴란드, 아일랜드 등 소수이다(OECD, 2021).

혹자는 이 결과에 이의를 제기하며 한국의 공적연금 소득대체율이 기초연금까지 합산하면 낮지 않다고 주장하지만, 기초연금을 고려해도 결

	저임금 가입자 (0.5AW)	평균임금 가입자 (1AW)	고임금 가입자 (2AW)
한국(K) (%)	43.1	31.2	18.6
OECD 평균(E) (%)	55.8	42.2	34.4
K/E (%)	77.2	73.9	54.1

표2　한국과 OECD의 공적연금 소득대체율 비교 (2020년 기준)
　1　한국의 경우 OECD 계산모형에 따라 38년 가입 가정. AW는 평균임금을 의미한다.
　2　OECD 평균 소득대체율은 공적연금만의 소득대체율(의무민간연금 제외)이다.

과는 크게 달라지지 않는다. 기초연금은 수급 여부가 불확실한 연금이지만, 저임금 가입자의 경우 기초연금을 받는다고 가정해도 여전히 다른 나라에 비해 보장 수준이 낮다. 더욱이 OECD의 가정처럼 보험료를 38년 동안 납부하는 경우는 극히 드물다. 그래서 실제 노인들이 받는 국민연금의 소득대체율은 평균 20%대 초반에 불과하다. 소득절벽의 높이에 비해 보장성의 계단은 지극히 낮은 것이다. 많은 노인이 비틀거리지 않을 수가 없다. 이렇게 낮은 국민연금 보장 수준은 한국 노인빈곤율이 다른 나라보다 현격히 높은 이유 중 하나다.

　노후생활비 필요에 비춰 봐도, 빈곤한 경우에 제한적으로 받는 공공부조의 생계급여와 비교해 봐도, 또 다른 나라의 공적연금 보장 수준과 비교해 봐도 국민연금 급여수준은 너무 낮다. 그 핵심에는 2007년 이후 40%를 향해 내려오고 있는 소득대체율 문제가 존재하고 있다. 그래서 OECD도 2016년, 2020년, 2022년 한국경제보고서를 통해 국민연금 소득대체율 인상을 권고했다.

국민연금의 적정 노후소득보장 목표를 방해하는 요인들

*

국민연금 급여수준이 낮은 핵심적인 이유는 낮게 설정된 소득대체율 때문임을 앞서 설명했다. 이에 더해 개개인이 느끼는 노후소득을 충분히 준비하기 어려운 방해 요인들이 늘어나고 있다. 첫째, 가입기간을 채우지 못하는 경우가 있다. 노동시장의 진입과 퇴출이 반복적으로 발생하는 불안정한 고용관계를 유지한 사람은 노후에 안정된 소득도 보장받기 어렵다. 둘째, 생애소득이 낮을 경우 보장 수준도 낮다. 하지만 이 부분은 연금제도 자체에 소득재분배 기능이 포함되어 있기 때문에 저소득계층과 고소득계층의 소득 격차에 균형을 유지하고 있다. 이러한 기능이 소위 '공평'에만 집중한다면 부당하게 느껴질 수 있다. 그러나 국민연금은 내 돈을 넣어서 돌려받는 구조가 아니며, 함께 노후를 준비하고 누구도 차별받지 않는 노년기를 보내기 위한 위험분산 방법이라는 점을 간과해서는 안 된다.

국민연금제도의 노후소득보장 기능이 실제 작동하는 모습을 이제야 주변에서 확인할 수 있게 되었다. 즉 국민연금제도가 시행되고 첫 수십년 동안은 연금수급자가 많지 않아서 보험료를 내는 사람만 많았고, 실제로 약속된 연금을 받을 수 있는지 의구심만 드는 상황이 이어졌다. 이제야 국민연금을 받는 사람들이 늘고 있다.

그런데 적정 연금 수준을 보장하는 과제는 노동시장에 묶여 있는 가입자와 약속대로 연금을 받는 수급자 간의 갈등의 소재로 활용되고 있다. 즉 불투명한 미래를 자꾸 강조하면 보험료를 내는 가입자들에게는 불안감만 커지고, 이제 막 연금을 받기 시작한 노인 수급자들은 눈치가 보여 적정 수준의 노후소득보장까지는 말도 못 꺼낸다. 적어도 지금 연금을 받는 과거의 가입자는 연기금이라도 있으니 연금 지급이 중단될 걱정을 할 필요는 없다. 곧 은퇴자가 되어 소득중단 위기에 처할 50대 이상의 시민과 애초에 고용이 불안정해서 연금 가입이력을 충분히 가질 수 없는 시민은 연기금까지 고갈된다고 하니 제도에서 희망을 찾을 수 없다.

이렇게 국민연금이 보장 기능을 발휘하는 데 어려움이 커질수록 국가가 해야 할 일은 국민연금이 제 역할을 할 수 있게 만드는 것이다. 대표적인 것이 국민연금의 보장성 강화이다. 적정 수준의 연금을 보장하는 국민연금으로의 제도 설계가 중요하다.

3 국민연금 보장성 강화의 핵심, 소득대체율 인상

소득대체율 인상을 통한 보장성 강화

*

국민연금 소득대체율 인상을 통해 공적노후소득보장체계를 강화할 것인가, 아니면 2007년 이후 매년 0.5% 포인트씩 떨어지는 국민연금 소득대체율 인하를 계속 이어갈 것인가? 즉 소득대체율로 대표되는 국민연금 보장성을 계속 약화시킬 것인가, 아니면 이를 어느 정도 회복할 것인가? 이것이 현재 국민연금개혁의 가장 중요한 논쟁 지점이다. 2018년 「제4차 국민연금종합운영계획」도, 경제사회노동위원회 연금개혁특별위원회도, 그리고 2023년 국회의 연금개혁특별위원회 민간자문위원회의 제안도 소득대체율을 높이는 인상안과 소득대체율을 계속 낮추는 방안 모두를 연금개혁 대안에 포함하였다. 이렇게 국민연금 소득대체율 인상을 통한 보장성 강화론은 연금개혁 논쟁에서 중요한 한 축을 이루어 왔다.

보장성 강화론에서는 노후소득보장 강화를 위한 적극적 대안으로 소득대체율 인상안을 제시하였는데, 최근에 나온 국민연금 소득대체율 인상안은 2025년부터 소득대체율을 50%로 조정하는 것이다. 2007~2028년의 소득대체율 60%에서 40%로의 삭감을 중단하고 이를 절반가량 되돌리는 것이다. 과거에 지나친 연금급여 삭감이 이루어졌다는 판단이다. 2007년 연금개혁 당시 소득대체율 60%에서 50%로의 조정안이 유력했던 것을 떠올릴 수도 있을 것이다.

지금 소득대체율을 인상하자는 주장은 우선 2007년 국민연금 삭감 영향을 크게 받는, 앞으로 30~40년 동안 은퇴하는 이들의 노후소득보장을 집중적으로 강화하기 위한 것이다. 즉 국민연금을 현 노동인구 다수가 노후빈곤을 겪지 않게 재설계함으로써, 초고령사회의 노인빈곤 위험을 억제하려는 것이다. 노인 중 국민연금 수급자 비중은 2050년에는 80%를 훌쩍 넘긴다. 앞으로 상당한 보편성을 갖추게 될 국민연금 보장 수준을 높이는 것은 안정적 노후에 대한 시민권을 강화하는 길이다.

그렇다면 소득대체율을 50%로 올리면 국민연금 급여는 얼마나 늘어날까? 국민연금을 계속 40%로까지 떨어뜨리면 평균 급여수준(소득수준과 가입기간을 반영한 평균 소득대체율)은 2060년까지도 26~27%대에 불과하다. 추계 기간 말인 2093년에도 30% 이하이다. 즉 200만 원 소득자 연금액이 현재 가치로 90만 원을 못 넘는다. 재정계산위원회 보고서는 국민연금기금을 유지하기 위한 다양한 방안을 제시하였지만, 저급여 문제에 대해서는 그 어떤 구체적인 대안도 제시하지 않고 있다. 국민연금 소득대체율을 2025년에 50%로 올리는 경우, 노인들이 받는 연금급여 수준은 평균 2050년에 30%를 넘고, 2060년에 35%에 근접할 것으로 예측된다.

2025년에 소득대체율을 50%로 한꺼번에 올려도 연금급여 인상 효과는 점진적으로 나타난다. 2025년 이후 가입기간이 짧은 중고령 가입자(2007년 연금급여 삭감의 영향이 적었던)에게는 급여 인상 효과가 적고, 2025년 이후 가입기간이 긴 나이가 적은 가입자(2007년 연금급여 삭감의 영향이 컸던)일수록 급여 인상 효과는 크다. 그래서 소득대체율을 인상하면, 젊은 가입자일수록, 후세대로 갈수록 국민연금 인상 효과는 크다. 즉 2007년 연금급여 삭감 조치의 파괴적인 영향을 회복시키는 직접적인 조치가 소득대체율 인상이다.

그렇다면 이 정도면 충분한가? 그렇지 않다. 2023년 기준 약 60만 원 수준인 국민연금 평균 급여액을 현가 100만 원 정도(가입자 평균소득이 300만 원일 경우 소득대체율 33%가량)로 당장 끌어올리기에는 부족하다. 소득대체율을 50%로 올려도 실제 가입기간 예측에 기반한 국민연금 소득대체율이 30%를 넘으려면 2050년까지 기다려야 한다. 이는 바람직하지 않다.

그래서 국민연금 급여계산식의 소득대체율 인상은 보장성을 높일 수 있는 다양한 보완책, 특히 가입기간을 늘리기 위한 조치가 필요하다. 앞서 강조했듯이 연금급여의 수준은 가입기간과 약속된 소득대체율이 중요하므로, 가입기간을 보완하자는 것이다.

사회에 기여한 만큼 연금가입기간을 인정해주는 제도, 즉 크레딧제도[11]가 있다. 크레딧제도는 양육(출산), 군 복무, 실업 상황을 보상해주기 위해 도입되었다. 그러나 군 복무를 제외한 다른 종류의 크레딧을 인정받는 사람은 아직 많지 않다. 이에 크레딧 확대와 함께 국민연금에 더 오래 가입할 수 있도록 하는 보험료 지원 확대, 특히 불안정노동자에 대한 보험료 지원 등이 매우 중요하다. 국민연금 가입기간을 늘려주는 조치가 수반될 때 소득대체율 인상의 효과는 더 커진다. 2023년 기준 60만 원을 조금 넘는 국민연금 평균 급여액이 현가로 100만 원을 넘기려면 여러 정책 수단이 함께 사용될 필요가 있다. 특히 노동의 변화 가운데 고용불안정성이 높은 이들을 더 많이 더 오래 국민연금에 가입시키는 정책 지원이 필요하다. 그러나 여기에는 주의가 필요하다.

소득대체율 인상 없이 보장성을 높일 수 있다는 환상

*

일각에서는 앞서 언급한 보완책을 국민연금 보장성을 높이는 주된 대안으로 격상시켜 그 효과를 과장하기도 한다. 소득대체율을 올리지 않고도 크레딧 등 보험료 지원 확대, 현재 59세인 의무가입 연령을 뒤로 늦추는 조치 등으로 국민연금 보장 수준을 높일 수 있다는 주장이 그것이다. 그러나 소득대체율 인상과 가입기간을 늘리는 조치를 동시에 구사해야만 국민연금이 그나마 제 기능을 할 수 있다. 더욱이 가입기간을 늘릴 때의

---

11 크레딧제도는 사회적으로 가치 있는 행위를 수행한 것에 대해 국민연금 보험료를 납부한 것으로 인정함으로써 사회적 공헌을 인정해주는 정책이다. 한국에서는 출산크레딧과 군복무크레딧이 있는데, 출산크레딧은 부부 중 1인에게 둘째 아이에 대해 12개월 평균소득월액(A)으로 보험료 납부를 인정하고 있으며, 군 복무에 대해서는 평균소득월액(A)의 1/2 소득에 대한 6개월 보험료를 납부한 것으로 인정하고 있다.

급여수준 인상 효과는 당연히 연금계산식의 소득대체율 수치를 높여야 더욱 커진다. 가입기간을 늘리는 것만으로도 보장 수준을 충분히 높일 수 있다는 주장은 효과가 제한적인 한 가지 수단만 사용하자는 말과 같다. 두 가지 수단이 아닌 한 가지 수단만을 고집할 이유는 없다.

소득대체율 인상 없이 크레딧만으로 보장성을 기대하기 어려운 이유는 다음과 같다. 첫째, 지금 크레딧을 늘리는 것은 이미 출산했거나 군 복무를 마친 가입자와 질병, 장애 등 다양한 이유로 출산이나 군 복무를 하지 못하는 사람들에게는 소용이 없다. 사회적 공헌에 대한 보상은 필요하지만 이를 보편적인 조치로 착각해서는 안 된다. 그런 면에서 소득대체율 인상은 국민연금 급여의 기본 구조를 조정하는 것으로 출산 여부, 군 복무 여부, 소득 지위, 사업장 규모와 무관하게 모든 가입자에게 광범위하게 보장성을 강화하는 방법이다.

둘째, 재정계산위원회 보고서에 담긴 크레딧 강화 방안은 출산과 군 복무 각각에 대해 약간의 국민연금 가입 인정 기간을 늘리자는 것으로 극히 제한적인 조치라고 볼 수 있다. 자영업자, 불안정노동자의 보험료 지원 확대 논의는 추상적이어서 이것만으로 기대할 수 있는 국민연금 인상 효과는 미미하다. 크레딧 확대에는 한계가 있다는 점도 명확히 인식해야 한다. 일하는 사람들의 평균 가입 연수 자체가 불과 20년 수준인 상태에서 '사회에 기여했다'는 조건이나 '취약하다'는 조건에 부여되는 크레딧과 보험료 지원 등은 획기적인 보장성 확대 방안이 될 수 없다.

셋째, 소득대체율 인상은 급여계산식 자체를 바꾸는 것으로 국민연금의 다양한 급여산정방식의 기초를 바꾸는 것이다. 이는 크레딧 등으로는 효과가 매우 제한적인 장애연금, 유족연금, 배우자 급여 등 여러 형태의 보장을 한꺼번에 개선할 수 있다.

　요컨대 가입기간을 늘리는 것과 소득대체율 인상은 함께 추구해야 할 보장성 강화 전략이다. 그런데 가입기간을 늘리는 것은 독자적인 보장성 강화 방안이라기엔 한계가 많다. 또 크레딧 및 보험료 지원도 소득대체율 인상만큼이나 우리 사회가 재정 부담을 결심해야 하는 중요 사안이다. 그러나 소득대체율 인상은 비용이 들고 크레딧과 보험료 지원은 그렇지 않은 것처럼 여겨서는 안 된다. 크레딧은 연금수급 시기에 가입기간을 추산해서 연금액을 올려주는 방식이므로 그 비용은 미래 가입자와 미래 정부가 부담해야 하는 것이 오히려 분명하다.

　기본 연금급여수준이 충분하지도 않은데 소극적 보완책만 강화하자는 주장은 핵심을 피해가는 것이다. 궁극적으로는 누구나 차별 없이 연금에 가입하고 노후를 보장받을 준비를 해야 하는데 계속 미봉책의 대안들이 제도에 덧붙여지면서 제도의 원칙이 흔들리고 있다. 또 안정적으로 가입하는 사람들의 조용한 불만이 점점 커져 제도적 피로감도 누적되고 있다. 핵심은 가입기간과 생애소득을 늘려서 내 노후를 온전히 준비하는 게 아니라 다 함께 노후를 준비하기 위한 기반을 정부가 약속해주는 것이다. 가장 먼저 소득대체율을 OECD 평균 수준으로 인상한다는 약속을 해야 한다. 다음으로 약속된 소득대체율을 채울 수 없게 만드는 불가항력의 사회 여건을 개선하려는 태도가 중요하다. 약속은 미루고, 책임도 지지 않으려는 태도가 현재 국민연금 소득대체율을 올리지 못하게 하는 주장에 담겨 있다.

기초연금과 퇴직연금으로 국민연금 축소를 대신한다고?

*

2007년 연금개혁으로 국민연금 소득대체율을 60%에서 40%로 대폭 떨어뜨릴 때 국민연금의 노후소득보장 기능 약화는 당연히 예견된 것이었다. 이런 우려에 대해 일각에서는 국민연금이 축소되어도 기초연금과 퇴직연금이 국민연금 축소를 보완할 수 있으니 괜찮다고 답했다. 지금도 국민연금의 낮은 급여수준 문제를 해결하기 위해 국민연금 급여액을 올려야 한다고 주장하면 같은 대답이 돌아오곤 한다. 구체적으로 말하면 저소득계층에게는 기초연금이, 중간소득계층에게는 국민연금이, 고소득계층에게는 퇴직연금이 보장 역할을 더하면 된다는 것이다. 이는 정말 맞는 얘기일까?

여기에는 몇 가지 문제가 있다. 이는 국민연금, 기초연금, 퇴직연금이라는 세 제도의 속성 차이를 고려하지 않은 접근이다. 국민연금은 사회보험제도이고, 기초연금은 조세재정으로 기여 없이 지급받는 연금이고, 퇴직연금은 노동복지로 분류되는 사연금이다. 이는 또한 한국의 노동복지 및 연금제도의 현실을 도외시한 것이다. 왜 그런 것인지 구체적으로 살펴보도록 하자.

첫째, 기초연금은 조세방식 사회보장제도이기 때문에 미래 어느 시점에 어떤 노인에게 얼마만큼의 연금을 보장할지 미리 확정하는 것이 불가능하다. 기초연금은 국민연금처럼 기여를 통해 연금받을 권리를 확보하는 제도가 아니므로 매 시기의 사회적 요구와 재정 상황에 따라 연금받을 노인의 범위와 연금 수준은 크게 달라질 수 있다. 즉 1990년대생이 노인이 될 때 이들이 지금처럼 노인 1인 기준 약 32만 원의 기초연금(전체 노인인구의 70%가 수령)을 받게 될지 아닐지는 아무도 알 수 없다. 이는 2060년대 미래 한국의 사회경제적 상황과 정치적 합의에 따라 달라질 내용이기 때문이다. 일례로 스웨덴, 핀란드, 덴마크, 노르웨이에서는 20세기에 모든 노인에게 같은 액수를 지급하는 기초연금제도를 운영했지만, 21세기에 들어서면서 일제히 이를 저연금, 저소득 노인에게 한정하여 연금을 주는 최저소득보장연금으로 바꾼 바 있다. 이 사례는 고령화 정도 및 노인빈곤 상황 등에 따라 조세방식 연금이 크게 바뀔 수 있다는 것을 보여준다. 결국 미래에 국민연금이 줄어든다고 해서 그만큼 기초연금의 역할을 늘린다는 약속을 할 수는 없다. 인구 및 사회경제적 상황에 따라 기초연금 대상 범위와 연금액이 크게 달라질 가능성도 있다.

둘째, 기초연금의 원리에 근거한 위와 같은 반론에도 불구하고, 결국 기초연금이 하위소득계층에게는 주된 보장 역할을 할 수밖에 없으니 국민연금 삭감은 그대로 두자는 주장을 할 수 있다. 여건이야 어찌 됐든 기초연금 보장 수준을 높이면 된다는 식의 주장이다. 기초연금이 저소득계층에게 주된 노후소득보장 수단이라면, 혹자는 이 접근이 더 평등주의적이며 정치적으로 올바르다고까지 말할 수 있을 것이다. 그러나 이는 국민연금과 기초연금의 관계를 제대로 이해하지 못한 주장이다.

핵심은 국민연금 급여수준이 낮은 상태에서는 기초연금액만 높일 수 없다는 것이다. 즉 국민연금의 저급여 수준은 그대로 방치한 채 기초연금만 올리는 것은 제도 원리상 불가능하다. 앞서 말한 것처럼 국민연금은 보험료를 내고 연금받을 권리를 확보하는 기여식 연금이다. 기초연금은 기여 없이 조세재정으로 연금받을 권리를 확보하는 비기여식 연금이다. 문제는 기초연금과 국민연금이 동시에 제 역할을 하는 상태에서, 비기여식 연금인 기초연금액이 10년 이상 꾸준히 기여를 해야 받을 수 있는 국민연금보다 높을 수는 없다는 데 있다. 사실 국민연금은 비기여식 연금인 기초연금보다 더 높아야 할 뿐만 아니라 연금액에 상당한 차이가 있어야 한다. 그래야 제도의 정당성을 갖출 수 있다.

국민연금이 본격적인 전국민연금으로 선언된 것이 2000년이므로 지금, 그리고 당분간은 기초연금이 노후소득보장에서 비중 있는 역할을 하는 것이 필요하다. 특히 저소득계층 노인에게 기초연금 수준을 높이는 것은 중요하다. 하지만 지금 기초연금은 최저노후소득보장을 실현하기에는 매우 부족한 수준이다. 기여식 연금인 국민연금 수준이 낮아지는 것을 그대로 방치하면서 비기여식 연금인 기초연금액만 높이기는 힘들다. 국민연금 보장성이 향상되어야 기초연금도 노인빈곤 대응을 충분히 할 수 있다.

셋째, 중간소득계층 이상에게는 사연금인 퇴직연금이 노후소득보장 역할을 보완할 수 있으니 국민연금 보장성 강화에 매달릴 필요가 없다는 주장에 대해 살펴보자. 이는 아직 노후소득보장제도로 안착하지 못한 한국 퇴직연금제도의 현실, 그리고 저임금에 시달리는 수많은 불안정노동자를 외면하고 있는 한국 노동복지의 척박한 현실을 도외시한 주장이다.

한국 퇴직연금제도는 1년 이상 고용계약을 맺은 노동자를 대상으로 하는 퇴직급여제도의 일부로 의무화된 제도가 아니다. 즉 퇴직급여제도는 의무화되어 있지만, 기업은 퇴직급여 형태 중 퇴직금이나 퇴직연금을 선택할 수 있다. 하지만 자영업자, 특수고용형태 노동자, 다수 비정규직 노동자 등은 퇴직급여제도에서 제외되어 있으며, 퇴직연금은 다수의 노후소득보장을 책임질 만큼 너른 보장 방법을 갖추고 있지 않다. 2021년 기준 퇴직연금 도입 사업장 비율은 27.1%에 불과하며 전체 노동자 수 대비 가입률은 30%대에 불과하다. 가입 대상 노동자로 한정해도 가입률은 50%를 약간 넘는 수준이다.

게다가 퇴직연금은 대부분 연금개시연령(55세) 이전에 해지해 버리는 경우가 많고, 연금보다는 일시금으로 받는 경우가 훨씬 더 많다. 2022년 계좌 수 기준 퇴직연금을 일시금으로 지급한 비율은 90%가 넘는다. 퇴직연금은 이름은 연금이지만 실제로는 노후연금이 아닌 것이다. 또한 은퇴 즈음 연금형태로 받게 되더라도 수급기간이 10년, 15년 등 한시적이어서 노후 생애 전체에 걸친 보장은 하지 못한다. 국민연금과 달리 퇴직연금은 종신보장을 하고 있지 않다. 게다가 운용수익률을 보면 전문 금융기관을 통해 퇴직연금상품을 운용하는 것의 이점이 무엇인지 도무지 알 수가 없다. 최근 10년간 퇴직연금 평균 수익률은 국민연금기금 수익률의 절반에도 못 미친다. 한국 퇴직연금에는 유족연금과 장애연금이 부재한다는 점, 퇴직연금은 사연금이므로 공적연금과 같이 물가연동을 통해 실질가치를 죽을 때까지 보장하기 어렵다는 점, 재분배 효과가 없다는 점 등은 더 말할 필요도 없다.

2005년 퇴직연금제 도입 이후 퇴직연금상품 시장은 세금 혜택 덕분에 크게 성장했지만, 금융기관에 노동비용의 일부로 막대한 수수료를 지불한다는 점을 감안해 봤을 때 충분한 노후소득보장 기능을 하고 있지 못하다. 결국 가입률과 제도 운영 실태를 보면, 지금의 노인은 물론이거니와 중장년층과 대부분의 청년에게도 퇴직연금은 평생의 의미 있는 노후소득보장제도로 작동하기 어렵다. 중산층 이상에 대한 노후소득보장 기능으로 집중해서 보더라도 마찬가지이다. 중산층 이상에게도 퇴직연금은 아직 연금이 아니며, 장수를 대비하는 기능도 없는 제도이다. 지금 시점에서 한국 퇴직연금에 대해 기대할 수 있는 최대한의 역할은 주요한 일자리에서 은퇴한 후 국민연금을 받기 전까지의 소득 공백기에 잠시 소득부족분을 메꿔주는 가교연금bridge pension 역할을 해주는 것이다.

과연 퇴직연금으로 노후소득보장이 이루어지는, 소위 '고소득계층'은 노동자의 몇 %나 되는 것일까? 노인 중 퇴직연금 수급자가 약 0.1%에 불과한 상황에서 이러한 전망의 실현은 요원하다. 고소득계층에게는 퇴직연금이 노후소득보장 역할을 할 수 있으니 국민연금 보장성 강화가 불필요하다는 것, 더욱이 국민연금 강화 대신 조세 지원 확대로 퇴직연금 등 사연금을 강화하자는 주장은 이런 사연금의 현실과 속성을 도외시한 비현실적인 주장이라 할 수 있다.

넷째, 노후소득보장에 대해 저소득계층에게는 기초연금, 중간소득계층에게는 국민연금, 고소득계층에게는 퇴직연금이라는 접근이 갖는 가장 큰 문제는 노후소득보장에 대한 계층분리적 접근이라는 데에 있다. 우리가 공적연금제도라는 것을 운영하는 것은 다양한 소득계층 간의 연대에 기반하여 여러 면에서 더 안정적이고 더 정의로운 방식으로 노후소득보장을 해내기 위해서이다. 일하는 모든 사람이 능력껏 기여해서, 개인의 처지와 기여도를 고려해서 적절하게 보장받도록 하는 것이 공적연금제도를 운영하는 취지이다. 그런데 노후라는 위험에 맞서기 위해 '모든' 사람을 통합하고 연대하도록 하기보다는 계층별로 쪼개는 것은 이러한 취지에 정면으로 반한다.

저소득계층은 저소득계층대로, 고소득계층은 고소득계층대로 핵심 공적연금제도인 국민연금에 별다른 기대를 하지 않게 되는 것, 이는 다양한 소득계층 간의 연대에 기반한 국민연금의 기본 구상에 배치된다. 아무리 의무가입제도라고 하지만 저소득계층은 소득이 있는 경우에도 국민연금 기여를 꾸준히 하는 것에 가치를 두지 않게 되며, 고소득계층은 그들대로 기대를 접게 된다. 보험료 기여를 통해 형성되는 노후소득보장 권리가 갖는 가치와 이에 대한 기대가 떨어진다면, 가입자 다수는 가능한 한 납부 예외 상태에 있거나 소득 하향 신고를 하고자 할 것이다.

물론 그 결과는 파괴적이다. 국민연금을 통한 적정한 소득보장과 소득 재분배는 더욱 어려워진다. 앞서 말한 것처럼 국민연금이 보장 기능을 제대로 하지 못하면 기초연금 수준을 높이기 어렵다. 즉 가장 든든한 공적 노후소득보장이 필요한 이들에게 충분한 보상 수준을 제공할 수 없다. 지금의 기초연금 수준을 생각하면 될 것이다. 반면 고소득계층의 기여가 충분치 않다면 공적연금을 통한 소득계층 간의 원활한 재분배와 재정안정을 도모하기 어렵다. 그럼에도 불구하고 노후소득보장에 관한 이러한 계층분리적 구상은 끊임없이 제기되고 있다.

'기금 고갈론'이 몰아쳐도 핵심은 소득보장 강화

*

국민연금 보장성 강화를 반대하는 주장은 강력하다. 고령화가 빠르게 진행되는 와중에 급여수준 인상은 재정적 어려움을 초래하며, 특히 미래 세대의 부담을 가중시킨다는 것이 그 근거이다. 국민연금 소득대체율을 높일 때 생기는 비용 증가분을 미래 세대는 정말 감당할 수 없을까?

공적연금의 본질이 세대 간 자원 이전을 통한 세대 간 부양이라면 미래 세대의 부담 가능성은 생산력을 고려한 부양 부담의 총량으로 살펴보

국민연금 가치 선언

는 것이 적절하다. 대표적인 지표가 국민총생산GDP(이하 GDP) 대비 연금 지출의 비중이다. 즉 우리 사회에서 만들어진 전체 부에서 국민연금에 얼마만큼을 쓸 것인가를 나타내는 것이다.

소득대체율을 각각 40% 유지, 45%, 50%로 높일 경우, 2070년 기준 GDP 대비 국민연금 지출비는 대략 9%, 10%, 11%로 추정된 바 있다(국민연금재정계산위원회, 2023). 이 수치가 높은 것일까? 그렇지 않다. 2023년 기준 많은 나라들의 공적연금 지출은 이미 이 수준에 달해 있다. 프랑스, 독일, 벨기에, 핀란드 등 다수 유럽 국가들은 공적연금 지출이 GDP의 10%를 넘어선 지 오래다.

더욱이 국민연금 지출 수준이 줄어든다고 해서 전체 공적연금 지출, 사회보장 지출이 줄어든다는 법은 없다. 방빈 기능을 하는 국민연금 급여수준이 낮으면, 빈곤층을 위한 국민기초생활보장제도에 기대야 하는 노인은 더 늘어날 수밖에 없다. 국민연금이 줄어들면 국민연금을 보완하는 기초연금의 역할도 더 커지기 마련이다. 국민연금 지출 수준의 억제는 노인부양의 총량을 억제하기보다는 노후소득보장을 위한 다른 사회보장 비용의 증가를 가져올 수 있다.

한편 국민연금 보장성 강화를 반대하는 이들은 미래 세대 부담의 지표로 부과방식 비용률이란 것을 제시한다. 이는 연기금이 없다면, 그해에 노동 세대가 평균적으로 부담해야 하는 보험료율이다. 국민연금 지출 수준에 따라 미래에 그 비율이 30%를 넘을 것으로 추정하기도 한다.

그러나 30~40년 후 생산력 발전에 따라 중요한 것은 부의 양이 아니라 분배의 질서가 될 것이다. 구체적으로는 국민연금 보험료가 부과되는 소득이 GDP의 30%에 못 미치는 현 상황을 바꿔야 할 것이다. 국민연금은 직장가입자와 지역가입자의 소득에 보험료를 부과한다. 여기에는 상한이 있다. 그런데 보험료 부과대상이 되는 소득의 규모는 GDP의 30%에도 미치지 못하기 때문에 결국 보험료를 올려도 보험료 수입이 증대되는 효과는 낮다. 이에 보험료가 부과되는 소득기반을 확대한다면, 가입자들의 보험료율은 적정 수준으로 관리할 수 있다. 일부 국가에서 시행하고 있는 소득 상한 이상 임금 부분에 대한 보험료 부과와 자산소득, 법인소득 등 다양한 소득원에 대한 보험료 부과도 고려할 수 있다.

부담 능력과 노동력 사용 방식 변화에 따라 사용자와 노동자의 보험료 분담률 역시 조정될 수 있다. 미래 세대는 단일한 계층으로 구성되지 않으며, 계층 간 부담 능력 차이를 고려하여 재정 부담을 과감하게 재배분해야 한다는 것이다. 중요한 것은 미래 경제운용방식 및 생산방식 변화에 적합하게 국민연금 재정 부담을 배분하는 것이다. 게다가 국민연금은 다른 어느 나라보다 큰, GDP의 45%가 넘는 공적연기금을 지출 증가의 완충장치로 갖고 있다. 연기금이 인구 고령화와 국민연금 지출 증가 속도를 완만하게 만드는 완충 역할을 2070년 무렵까지 수행할 수 있도록 하면서, 그사이에 다양하고 정의로운 재정 확충 방안을 순차적으로 도입해 조합하는 것은 가능하다.

4 기초연금과 국민연금 사이

공적연금을 통한 보장성 강화를 모색하기 위해서는 국민연금뿐만 아니라 기초연금에 대해서도 살펴볼 필요가 있다. 나아가 기초연금과 국민연금의 역할을 제도 성격의 차이와 중첩을 고려하여 함께 생각해보는 것도 필요하다.

기초연금은 국민연금개혁 논쟁에서 부수적인 사안으로 취급되곤 한다. 필요한 경우 기초연금은 국민연금 축소로 인해 발생하는 많은 문제를 덮거나 향후 국민연금 확대 필요성을 과소평가하게 만드는 좋은 방패막이 되어 왔다. 기초연금은 도입된 이후 축소 없이 점차 확대됐는데, 연금개혁의 수많은 논쟁 끝에는 할 수 없이 기초연금으로 노인들을 위로하는 것처럼 보이기까지 했다. 현재 기초연금을 받는 사람은 노후준비가 안 되었던 노인들이자 초고령 노인들이다. 그런데 연금을 받는 노인이 늘어날수록 기초연금의 위상은 혼란스러워질 것이다. 그 이유를 알아보자.

기초연금의 등장

*

기초연금의 기원은 기초노령연금제도이다. 기초노령연금은 국민연금을 보완하기 위해 만들어졌다. 2007년 기초노령연금 도입 때 한국의 노인빈곤율은 46%에 달해 압도적이었다. 노인빈곤의 원인은 '소득이 없어서'였다. 국민연금제도가 시작된 지 갓 20년이 되어 국민연금 수급자가 이제 막 늘어나는 시점이었기 때문에 자산을 제외한 소득을 기준으로 하는 노인빈곤율은 당연히 높을 수밖에 없었다. 당시만 해도 한국에서는 은퇴 이후 삶은 공적 부양이 아니라 사적 부양 즉 개인의 준비라고 생각했고, 자녀를 통한 가족 내 부양이 일반적이었다. 다른 나라는 인구 고령화에 따라 공적연금을 손보고 있는 동안 한국은 뒤늦게 도입한 노인빈곤 예방정책인 국민연금이 아직 제대로 효과를 내지 못하고 있었다.

이에 노무현 정부는 두 가지 방향의 연금개혁을 결정한다. 보험료 부담에 비해 소득대체율이 높은 국민연금의 보장성은 낮추고 당시 빈곤노인을 위한 조세 투입을 병행하는 대안이었다. 국민연금 수급자가 많지 않은 상황에서 연금급여를 축소하는 결정은 향후 20년 후에 서서히 결과가 나타날 일이어서 심각하게 문제시되지 않았다. 그보다 당장 자신의 노후를 준비하지 못한 은퇴자들에게 조세로 생계를 지원하는 게 시급했다. 그러나 한 가지 분명한 사실은 기초노령연금이 국민연금과의 연계 속에서 만들어졌다는 점이다. 미래의 연금급여 삭감을 당시의 추가 지원(기초노령연금)으로 보완하고, 향후 국민연금이 성숙하여 연금수급자가 늘어날 경우 부족한 연금을 보완해주는 형태의 연계성을 갖추는 것이다.

기초노령연금은 2008년 월 소득인정액[12]이 노인부부가구 기준 1억 5360만 원 이하이면 조세로 월 8만 4000원을 지급하면서 시작됐다. 이전에는 노인에게 경로연금이라는 이름으로 월 1~2만 원의 차비 정도만 지원했는데, 자신의 노후에 소득이 중단되어 무방비 상태가 된 노인에게 8만 4000원을 지급한 결정은 획기적이었다. 연금 준비가 안 된 것은 개인의 책임이 아니었으므로 조세를 통한 재정 지원도 타당했다. 대신 전체 노인이 아니라 소득 하위 70%의 노인들에게만 지원하는 것으로 한정했다. 왜 전체 노인에게 지급하지 않았는지에 대한 공식화된 입장은 없었지만, 당시 보건복지부 장관의 인터뷰나 노인 소득자료 통계를 봤을 때, 소

---

12 월 단위의 소득이 아니라 소득인정액이다. 정부는 매년 기초연금을 지급할 소득 하위 70%의 노인을 정하고 선정기준액을 발표한다. 기준에 해당 여부는 개인이 보유한 소득과 자산을 함께 고려해서 월 소득의 형태로 환산한 금액이 산출된다. 내가 매달 벌어들이는 돈과 정부의 지급 기준을 혼동해서는 안 된다. 2023년 현재 기초연금 선정기준액은 노인 단독가구일 경우 202만 원, 부부가구일 경우 323만 2000원이다.

득 하위 70%는 노년기 소득이 전반적으로 비슷하게 낮은 수준이었다. 그만큼 노년기에 접어들면서 절반 이상의 노인은 자신을 위한 노후대책이 없는 상황에 직면하게 되었다. 기초노령연금은 도입 당시 국민연금과 유사한 연금이라기보다는 노인을 대상으로 하는 빈곤정책에 가까웠다.

기초연금의 불안

*

기초노령연금은 2014년 박근혜 정부로 들어오면서 기초연금으로 이름을 바꾸고 지급액도 2배로 인상되었다. 기초연금이 20만 원이 되면서 사람들의 체감도는 달라졌다. 기초연금으로의 전환은 복지제도를 이용한 정치가 본격적으로 시작되었음을 알려주는 지표였다. 문재인 정부도 기초연금을 상향했고, 현 정부도 마찬가지 정책을 표방하고 있다. 원래 기초연금 급여는 노인 생활실태와 물가상승률, 소득과 재산 수준을 고려해서 조금씩 올라가도록 했는데, 이를 5년마다 큰 폭으로 상향 조정하면서 기초연금의 성격부터 재정 부담, 기준선을 결정하는 과정까지 복합적인 난관에 봉착했다.

첫 번째 난관은 조세로 부담하는 기초연금의 재정 부담이 계속 커지고 있다는 것이다. 2023년 현재 정부는 665만 명의 노인에게 총 18조 5304억 원의 기초연금을 배정했다. 이는 정부의 전체 예산 대비 2.8%, 복지예산 대비 8.1%에 해당하는 금액이다. 기초연금은 정부의 복지지출 중 상위 5위 안에 드는, 재정 부담이 큰 지출항목 가운데 하나이다.

두 번째 난관은 기초노령연금에서 기초연금으로 이름을 바꾸고 제도가 홀로 급속히 커지는 현실은 제도의 본래 성격이 무엇인지에 대한 혼란을 낳고 있다는 점이다. 기초노령연금을 도입할 때는 이를 국민연금의 보완책으로 고려했다. 국민연금제도가 성숙하여 노인인구 중 연금수급자가 많아지면, 기초노령연금은 그에 맞춰 줄어들도록 설계했다. 그러나 기초연금으로 개명하면서 기초연금은 국민연금과 별개의 제도로 인식되었다. 이제는 전문가들 사이에서도 기초연금이라는 이름에 맞게 노인을 위한 기초소득보장책으로 기초연금을 강화하자는 주장이 나온다. 이 주장은 기초연금을 다층노후소득보장체계의 한 부분으로 규정하는 것으로부터 출발한다.

기초연금이 확장성을 갖게 되면, 기초연금이 떠받칠 수 있는 역량에 따라 공적연금(국민연금) 설계를 수정해야 한다는 견강부회식의 입장이 나타날 수 있다. 연금제도의 구성 자체를 바꿀 수 있는 논쟁 지점이다. 다층노후소득보장체계는 일견 체계적인 구조인 것처럼 보이지만 노후생계보장의 책임을 온전히 개인이 부담하는 무복지 상태로 돌아갈 위험이 있다. 국가와 개인의 책임 분담은 사안에 따라 필요할 수 있지만, 국가가 어떤 명목으로든 부담을 회피한다면 개인은 노후빈곤에 마주할 가능성이 크다. 개인책임을 보완하기 위해 국가가 규제자 역할을 해서 제도를 유지하려고 해도, 기본 보장을 제대로 하지 않고 책임만 분산시키는 노후소득보장체계에서는 책임 떠넘기기가 발생할 가능성이 크다. 국민연금이라는 준비할 수 있는 제도가 있는데도 굳이 기초연금을 통해 국가가 전적으로 책임지는 형태는 결국 노후생활보장 수준을 축소시킬 위험이 있다.

세 번째 난관은 현재 기초연금은 국민연금과의 연계성에서는 불공정하고, 빈곤정책인 국민기초생활보장제도와는 이중급여 문제로 충돌을 일으키고 있다는 것이다. 이는 좀 복잡한 문제이다. 앞서 밝혔듯이 기초노령연금을 도입할 당시 정부는 노인인구의 소득분포를 확인하고 노인빈 곤선에서 벗어나는 지점으로 소득 하위 70%를 구분했다. 그런데 지난 15년간 급격한 경기변동과 자산(대표적으로 부동산) 가격 증가로 기초연 금 수급자와 비수급자를 가르는 선정기준선이 타당하지 못하다는 비판 이 꾸준히 제기되어 왔다. 법으로는 기초연금 수급자 비율을 70%로 맞추 도록 되어 있어 정부는 노인가구를 7:3으로 나누는 기준선을 먼저 설정 해야 한다. 기준선은 소득과 자산을 함께 고려하므로, 노인가구의 자산과 소득분포에 따라 기초연금을 받지 않아도 되는데 받는 사람이 생기거나, 기초연금을 받아야 함에도 받지 못하는 사람이 생길 수 있다.

부동산 같은 자산 가격이 폭등하면 거주 지역을 기준으로 하는 기본 공제금액에 차등을 둔다고 해도 거주지와 노인의 소득활동에 따라 기초 연금의 수급이 노인의 '필요'와는 괴리될 수 있다. 집 한 채만 끼고 월 소 득이 중단된 사람과 자가가 아닌 집에서 월세를 내면서 일정 소득을 유지 하는 사람 중 누가 기초연금을 받을 만한 사람인가? 소득과 재산을 함께 고려해서 자격 기준을 결정하면 나타날 수 있는 문제와 소득 하위 70% 선정 기준의 부당함을 개선하라는 요구가 있다. 오히려 제도 개선을 주장 하다 보면 기초연금 지급의 보편주의와 선별주의 논쟁으로 끌려 들어가 곤 한다. 물론 개인의 경제적 능력이나 살아온 이력이 모든 제도에 반영 될 수는 없다. 하지만 한국의 복지제도는 소득이 없으면 자산을 보유해서 는 안 된다는 공정성 개념이 확고하게 자리하고 있다. 따라서 주거 불안 은 차치한 채 가난하면 집이라도 팔아야 한다는 것을 당연하게 생각한다.

기초연금의 불안정, 국민연금과의 관계

*

기초연금제도에 대한 갈등과 오해는 기초연금이 작동하는 가운데 극대화된다. 기초연금은 노인에게는 추가적인 소득으로 제공되지만, 빈곤층을 위한 공공부조인 국민기초생활보장제도의 수급자일 경우 소득으로 인정되어 그만큼 생계급여가 줄어든다. 여기에 기초연금은 제도개혁으로 국민연금 장기 가입자에게 패널티를 주는 방식으로 작동한다. 20년 이상 국민연금 가입기간을 채워 노년기에 접어들었지만, 충분한 연금급여를 받지 못해 소득 하위 70% 이하에 속하는 노인들에게는 기초연금 감액이 이루어진다. 기초연금이 때에 따라 연금액이 부족한 노인의 연금급여를 제대로 보완하는 기능을 수행하지 못하게 된 것이다. 이로써 기초연금은 국민연금을 받으면서 동시에 기초연금도 받는 노인, 소득 하위 15% 미만의 절대빈곤 노인, 집 한 채만 있지만 일정한 소득이 없는 노인, 자산없이 은퇴 이후에도 일해야 하는 노인 등 다양한 처지에 있는 소득 하위 70%의 노인들 사이에 각종 갈등을 유발하고 있다.

정부는 이러한 기초연금의 문제점에 대해서는 밝히지 않고, 어떻게 하면 급여를 상향해서 노인들의 '표'를 얻을지에 몰두하고 있다. 2023년 기준 약 32만 원인 기초연금이 40만 원대로 올라가면 10년 가입하고 최소한의 국민연금을 받는 사람들에게는 허탈한 일이 아닐 수 없다. 더욱이 미래에 노인이 될 현재 가입자들에게는 기초연금이 있으니 국민연금 보험료를 내는 것을 회피하고 싶은 마음이 들 수 있다. 하지만 조세를 재원으로 하는 기초연금의 재정은 항상 같은 수준으로 유지되기 어렵다. 정부의 성향과 정책 기조에 따라, 그리고 국내외 경제상황에 따라 기초연금

국민연금 가치 선언

재원은 영향을 받는다. 정부가 살림살이에 어떤 관심을 두는지에 따라 기초연금의 지속과 축소가 결정되므로, 이 제도는 불안정할 수밖에 없다.

오히려 기초연금은 국민연금 고갈이 예정된 2050년 이후부터 더 큰 폭으로 상향 조정되어야 할 수도 있다. 이에 대해서는 그 누구도 부담이라고 말하지 않는다. 매일 노년기로 접어드는 사람들이 생기고 있다. 이제 국민연금은 성숙기를 맞이하여 20년 이상 가입자도 늘었고, 매달 200만 원이 넘는 노령연금을 수급하는 사람도 늘어나고 있다. 노후를 준비하지 못한 사람들에게는 빈곤정책으로 접근하고, 국민연금 수급액이 충분하지 않은 사람들에게는 기초연금을 지급해서 적정 수준의 노후생활을 설계할 수 있게 해야 한다.

기초연금의 위상을 바로잡아야 국민연금 성숙기를 잘 맞이할 수 있다. 기초연금은 노후를 준비하지 못했던 사람들에게 국가가 추가적인 최저생활을 보장하는 수단이 될 수 있다. 대안 논의로 기초연금을 전체 노인에게 보편적으로 지급하는 방안도, 국민연금 급여를 기준으로 감액하는 추가적인 보충연금 방안도, 현 체계를 유지 보수하는 방안도 모두 가능하다. 1988년 이전에는 국민연금이 없어 준비를 못했지만, 이제는 국민연금이 있어도 준비하지 못하는 사람들에게 또 다른 보장 방편이 제공되어야 한다. 물론 국민연금 기여이력으로 노후소득보장을 강화할 수도 있고, 연금가입자의 자격 유지를 돕는 방법을 강화할 수도 있다. 비전형 노동자들이 늘어나는 현실을 노동시장의 문제로만 간주하면서 소극적인 대응으로 빈곤정책만 내세울 것이 아니라, 공적연금으로 빈곤을 함께 예방하고 공동으로 대응할 수 있는 제도 기반을 마련하는 것이 필요할 것이다.

이상적인 공적연금체계는 다음과 같다. 한 사회에서 40년 이상 소득활동을 하고, 그에 따라 보험료든 세금이든 소득의 일정 부분을 지불해 왔다면 적정 수준의 연금급여를 받아야 한다. 부족하다면 기초연금이나 보충연금이 추가적으로 지급되어 이를 보완해야 한다.

기본 기둥이 흔들리면 옆에 아무리 부수적인 기둥을 덧대어도 무너질 수밖에 없다. 국민연금의 성숙을 바라보는 시민들의 눈 속에 불안감이 가득차서 최소한의 보완책만 기대하고 사는 것은 최선일 수 없다. 보완과 보상을 어느 시점에 해야 할지를 결정하는 것도 사회구성원들이 합의해야 할 사안이다. 기초연금만 믿고 노후를 대비하지 않는 것은 근시안적인 대응이다. 더 적극적으로 확보해야 할 노후소득보장제도인 국민연금의 보장 몫을 시민들이 지켜나가고, 국가가 책임을 회피하지 않도록 해야 한다. 사회보험제도가 가지고 있는 위험분산의 의미와 노후대비의 의미를 생각한다면, 개인이 준비해야 할 몫을 우선 국민연금제도로 충실히 다져놓는 것이 필요하다. 이를 위해 적절한 보장 수준을 유지할 방안들을 마련해야 한다.

기초연금은 시민들의 제도에 대한 수용성이 커서 정치인들이 표를 위해 이용하는 제도가 되고 말았다. 노인의 70%가 크든 작든 제도의 효용성을 체감하고 있으므로, 한 번 만들어진 경로를 전환하기는 어려울 것이다. 그러나 기여 기반의 국민연금이 불안정하다고 해서 조세로 운영되는 비기여식 제도인 기초연금에 노후를 온전히 맡기기는 어렵다. 제도의 보장 기능은 똑떨어지게 작동하는 것이 아니므로 점진적으로 보완하면서 맞춰가려는 노력이 필요하다.

이 장을 정리하며

*

노인빈곤율을 현격히 떨어뜨리고자 한다면 다른 무엇보다도 사회보장제도의 역할이 지금보다 훨씬 더 강화될 필요가 있다. 기초연금과 국민연금이 지난 10년간 노인빈곤율 감소에 기여해 왔으나, 노후소득보장제도의 중심인 국민연금의 보장 기능을 강화하여 빈곤을 예방하는 것이 더욱 효과적이고 지속가능한 방법일 것이다. 특히 점점 더 많은 국민에게 주요 노후소득보장을 위한 수단이 된 국민연금의 보장 기능을 강화하는 것은 향후 30~40년 동안 우리 사회의 노인빈곤 예방을 위한 핵심과제이다. 국민연금 급여수준이 지금과 같이 계속 낮게 유지된다면 우리는 사연금과 개인투자를 통해 각자도생의 노후를 준비할 수밖에 없다. 그러나 소수의 고소득계층을 제외한다면 이런 방식의 노후대비는 다수에게 파괴적인 결과를 가져오고 말 것이다.

가족 부양 공백이 커진 현 상황에서는, 국민연금이 노후소득보장이라는 본래의 목적을 충실히 수행해야만 사회가 유지될 수 있다. 또한 국민연금 인상은 미래 인구의 주축인 노인이 안정적인 소비를 할 수 있도록 하여 경제공동체가 유지될 수 있게 해준다. 오히려 노인의 부족한 소비와 불평등 및 빈곤의 심화는 우리 공동체의 존립을 위협한다.

연금소득의 적정성 논의에서 우리가 놓치지 말아야 할 것은 시절이 바뀌고 일의 방식이 바뀌는 상황에서 국가가 어느 정도까지를 보장하면 노후에도 인간답게 살 수 있을 것인가에 대한 시민들의 합의이다. 모든 연금정책 논쟁에서는 '사회구성원의 합의'를 당연한 조건으로 얘기하지만, 시민들이 이에 대해 충분하게 논의했는지 장담하기 어렵다. 다양한 이해관계자들이 자신의 이해관계에 부합하는 사람으로 전문가를 추천해서 논의의 장에 들어가도록 하고 있는데, 이들이 제시하는 수준이 시민의 삶의 수준과 일치하지 않는 경우가 왕왕 발생하곤 한다. 그래서 우리는 연금을 '돈'의 문제로만 생각해서는 안 되며, 노후소득의 적정성에 대해서도 당장의 이익보다는 사회구성원들의 전반적인 노후소득보장 방식과 필요한 노후생활 수준, 그리고 삶의 방식에 대한 이해를 도모하면서 결론을 도출해내야 한다. 그런데 우리는 아직 이런 치열한 정치를 경험하지 못했다. 미래에 국민연금이 제 기능을 하기 위해서는 오해와 불신은 풀어야 하고, 더 큰 틀에서 제도의 안정성을 높이기 위해 소득보장은 강화해야 한다. 즉 국민연금이 최저 소득보장을 넘어선 적정 소득보장을 실현해낼 때, 제도에 대한 지지와 신뢰는 더욱 깊어질 수 있다. 이러한 지지와 신뢰는 초고령사회에 증가할 부양비용을 사회적으로 수용할 수 있는 강력한 토대가 될 것이다.

3

연기금을
둘러싼
국제·국내적
쟁투

지난 30여 년 동안 세계적으로 사연금은 물론
국민연금과 같은 공적연금의 변화가 향한 지점은 바로
연기금 팽창과 금융자본으로의 전환이었다.

제2차 세계대전 이후 많은 국가들은 복지국가를 표방하며 보편적 사회보장제도를 발전시켜 왔다. 복지국가 황금기는 1970년대 초반까지로 노동계급과 자본가계급의 타협을 바탕으로 완전고용을 지향하고 경제성장과 더불어 시민들의 복지에 초점을 맞췄지만, 과잉축적의 위기로 서서히 막을 내렸다. 이후 지구적인 생산체제로 발돋움한 신자유주의는 복지국가의 기능뿐만 아니라, 집합주의적 사회보험제도를 개별화된 사보험으로 변화시키는 데 영향을 미쳤다. 신자유주의 생산양식의 핵심적 특징은 산업자본이 아닌 금융자본 중심의 이윤 축적 구조로의 변화였다. 이에 금융시장의 지구적 차원의 성장은 필수적이었고, 연기금은 금융시장의 자본으로 중시되었다.

국민연금개혁 논의는 크게 두 가지 방향으로 진행됐다. 첫째, 연금제도의 축을 재정중심으로 바꾸는 것, 둘째, 국민연금의 소득대체율을 축소해서 공적연금 기능을 사연금 시장으로 옮겨가게 하는 것이다. 그 결과 국민연금의 기능은 축소해 왔고, 이러한 변화는 국제적으로 진행됐다. 이 장에서는 신자유주의 시대 진행된 연기금을 둘러싼 국제적인 논쟁과 정책의 변화상을 먼저 살펴본 후, 이것이 국민연금의 재정계산에 미친 영향과 그에 따른 연금개혁 결과를 살펴본다. 국제적인 논쟁은 국민연금개혁의 쟁점을 이해하는 데 매우 도움이 될 것이다.

1 국제적으로 진행된 연기금을 둘러싼 쟁투

(1) 세계 금융시장의 성장과 연기금의 필요

복지국가 황금기에는 사회나 국가를 통해 교육, 의료, 주택, 연금 등의 필요가 충족되었는데, 신자유주의 시대로 접어들면서 국가가 보장했던 사회적 필요의 규모가 줄거나 아예 없어졌다. 이것을 두고 민영화 또는 시장화라고 불렀다. 즉 복지국가 황금기의 노동 세대는 소득의 일부를 열심히 기여했고, 이를 기반으로 노령 세대는 연금급여를 과거 소득의 평균 60% 이상으로 보장받았다. 그런데 열심히 생산을 담당했던 노동 세대가 노령층이 되었을 때, 신자유주의의 영향으로 연금급여는 깎이고 의료보험의 보장성은 줄어든 상황을 맞았다. 이러한 변화를 이해하기 위해 우선 공적연금과 사연금의 차이를 살펴보도록 하자.

노후소득보장에 국가 개입이 필요했던 이유

*

유무선으로 접근한 보험설계사나 금융기관을 통해 연금상품에 계약했다면, 이러한 형태의 모든 연금은 사연금[13]이다. 사연금은 사기업과 개인 간의 계약을 통해 계약상품의 가격만큼 보험료를 납부하고, 계약 조건이 충족되면 연금급여를 보장받는 연금이다. 사연금의 재정운용방식은 완전적립방식으로 폐쇄적이고, 사기업은 보험적립금 100%를 금융시장에서 운용한다. 무엇보다 사연금은 사기업의 이윤을 목표로 조직되었다는 점에서 공적연금의 태생과 차이가 크다.

반면 공적연금 운영의 책임은 국가와 사회에 있다. 공적연금의 제도적 설계는 재정 형태, 운영방식 등에 따라 국가 간 차이가 있지만, 공적연금의 목표와 원리는 동일하다. 사연금이 기업의 이윤 추구가 동기였다면, 공적연금은 사회가 지속되기 위한 '필요'라는 관점에서 만들어지고 확대되었다. 1889년 독일에서 시작되어 다른 국가로 확산되었고, 퇴직제도가 정식화되면서 퇴직 후 소득을 보장하기 위해 국가에서 운영해 왔다. 19세기 후반의 공적연금은 산업노동자만을 대상으로 했지만, 산업구조의 변화를 거치면서 고용관계에서 벗어나 있는 모든 소득자를 포괄하는 방향으로 확대되었다.

만약 사기업이 연금상품을 효율적인 수준으로 제공할 수 있는 '전제조건'을 충족할 수 있다면 국가의 개입은 필요하지 않다. 여기서 '전제조건'이란 시장 실패의 요인이 전무한 상태를 말한다. 그런데 사기업은 투자를 통해 손실을 보거나 경기변동으로 인해 구조조정에 직면하기도 한

---

13 private pension에 대한 번역어는 민간연금, 사연금 등이 사용된다. '민간'은 국가책임 중심의 사회복지가 시장화되는 과정을 두고 민영화와 같은 용법을 사용함으로써 복지의 시장화와 개인책임 강화라는 본질을 은폐하는 용어로 활용되기도 했다. 한국어의 '민간'은 '관청이나 정부와 같은 공적인 기관에 속하지 않음 혹은 일반 서민들의 사회'를 의미하는데, 시장화나 개인책임의 영역 이외의 것을 포함하고 있다. 따라서 이 책에서는 공적연금에 대비되는 개념으로 민간연금보다는 사연금이란 용어를 사용한다.

다. 실패가 없는 시장이란 사실상 존재할 수 없다는 점에서 노후소득보장에 대한 국가 개입은 당연시될 수밖에 없다.

경제학자 바르는 노후소득에 대한 국가 개입의 필요성에 대해 다음과 같이 설명한다. 첫째, 연금보험의 구매자는 기술적으로 복잡한 금융 또는 보험상품에 대한 정보를 제대로 알지 못하거나, 근시안적인 소비 성향을 가질 수도 있으므로 손해를 볼 위험이 크다. 둘째, 보험의 공급자가 효율적인 연금보험상품을 제공하지 못하게 되는 경우[14]에 연금상품은 매우 제한적이거나 특정 계층만을 위해 존재할 수 있다. 셋째, 예상하지 못한 인플레이션으로 연금의 실질가치가 하락하여 소비가 안정화되지 못하면, 사실상 연금상품을 통한 소득보장은 불가능하다(Barr, N., 2008: 317).

이렇듯 공적연금은 역사적 필요에서만이 아니라 경제적 측면에서도 필요하다. 사연금(시장)은 구매력이 보장된 소비자에게 관심을 가지지만, 공적연금은 사회구성원 모두에게 관심을 두고 인간으로서 존엄성을 지키기 위한 준거를 마련해 왔다. 그런데 신자유주의는 공적연금의 기능을

---

14 보험시장의 조건은 다음과 같다.
- 보험은 개별적 위험에 대해서 작동할 때 보험수리가 가능하다. 즉 위험분산 기능을 전제로 구매자의 보험료 수입 총액으로 발생한 위험을 보장하고도 수익이 남아야 한다. 그러므로 모든 가입자에게 동시적으로 위험이 발생하면 보험수리가 성립될 수 없으므로 위험은 독립적으로 발생해야 한다.
- 위험 발생 확률이 1보다 작아야 하는데, 이는 위험이 발생할 때 사고의 규모가 총보험료를 초과해서는 안 된다는 것을 의미한다.
- 사고 발생 확률을 측정할 수 있어야 한다. 만약 이러한 위험에 대한 예측 확실성이 보장되지 않는다면, 보험사의 재정은 감당하기 어렵게 된다.
- 보험사 입장에서 정보의 비대칭성 문제를 해결해야 한다. 예를 들어 개인이 자신의 위험을 숨기고 보험에 가입하게 되면, 재정문제뿐 아니라 역선택과 도덕적 해이가 제기되면서 연금급여 제공이 어려워진다. 최근 실손보험에서 가입자의 질병이력이나 정보를 사전에 확보하거나, 약정상 급여 조건을 까다롭게 하는 이유도 바로 여기에 있다(Barr, N., 2008: 182~184).

축소하고, 가능한 한 많은 돈이 금융시장으로 흘러 들어가길 원했다. 이에 금융시장에 자본을 유치하기 위해 사연금 시장을 활성화했다.

거대한 연기금은 또 다른 권력

*

연금제도를 돈이 쌓이도록 운영할 것인가, 아니면 돈이 쌓이지 않도록 운영할 것인가? 이는 우리 공동체가 선택할 문제이다. 만약 돈이 쌓이는 방식(적립)으로 연금제도를 운영한다고 선택하면, 쌓여가는 연기금을 어떻게 운영할 것인가 하는 문제는 매우 중요해진다. 전 국민을 대상으로 하는 연금제도에서 연기금 규모는 상상 이상으로 거대하게 형성될 수 있고, 거대한 돈은 세상을 움직이는 또 다른 권력이 된다. 연기금은 정부 재정의 한 축이 될 수도 있고, 금융시장을 들썩이게 할 수도 있으며, 짧은 시간에 병원과 보육시설과 대체에너지 발전소를 만들어 낼 수도 있다. 그래서 연금제도를 만들 때부터 연기금이라는 거대한 힘을 어떻게 제어할 것인가가 화두였다.

1950년대 스웨덴에서는 우리나라 국민연금과 유사한 공적연금(이하 ATP) 도입을 둘러싸고 격렬한 논쟁이 벌어졌다. 이때 '연기금을 누가 어떻게 통제할 것인가'를 두고 노동계와 자본가 진영이 크게 대립했다(Pontusson, J., 1992). 자본가 진영은 거대한 연기금이 주식을 사 모은 후, 소유권을 확보하여 주요 기업들을 사회화시킬 수 있다는 '연기금 사회주의pension fund socialism'를 우려하여 ATP 도입을 격렬하게 반대했다. 그러나 1960년 ATP는 도입되었고 초기에는 꽤 큰 규모의 기금이 적립되었다. 이 기금은 금융투자보다는 정부가 발행하는 특별채권을 사들여서 공공주택 건설 등 사회 인프라를 구축하는 데 투자되었다.

핀란드에서도 연기금은 초기에 발전소 등 사회 인프라 구축에 투자되었다. 우리나라에서도 1970년대 박정희 정권이 최초로 국민복지연금법을 만든 가장 강력한 동기는 노후소득보장이나 노인빈곤해소가 아니라 경제발전을 위한 내부 자본 축적이었다. 당시 국민복지연금법은 오일쇼크 등 경제위기로 사문화되었지만, 우리나라에서도 국민연금을 만들려한 의도가 연기금 조성이었다는 사실은 꽤나 인상적이다. 또한 20세기 후반 남미, 동유럽을 비롯해 여러 나라에서 연금개혁을 단행할 때 중요하게 의도한 것 중 하나는 연기금 적립 규모를 키우고, 이를 금융시장에 활발하게 투입하는 것이었다(Madrid, 1999).[15] 물론 공적연금으로 연기금을 조성하고 이를 금융시장으로 유입시키는 것은 쉽지 않은 일이다. 대부분 공적연금은 연기금을 크게 쌓아놓지 않고 보험료를 거둬 바로 연금급여로 지출하는 부과방식으로 운영되기 때문이다. 그러나 사회주의 정부의 붕괴와 자본주의로의 체제 전환, 그리고 독재정권의 집권과 같은 급진적인 사회 변화 속에서 몇몇 국가는 공적연금의 운영방식을 변화시켜 나갔다.

요컨대 통상 공적연금에서 연기금이 대규모로 쌓이는 일은 드물지만, 때에 따라 연기금은 사적 소유를 사회화하는 수단으로 비치기도 했고, 정

---

15 1990년대 중후반 남미에서는 적립식 연금제도로의 완전 또는 부분 이행을 단행하는 연금개혁이 활발하게 이루어졌다. 페루(1993), 아르헨티나(1994), 콜롬비아(1994), 우루과이(1995), 멕시코(1997), 볼리비아(1997), 엘살바도르(1998), 니카라과(1999) 등지에서 이루어진 연금개혁이 바로 그것이다. 마드리드Madrid(1999)는 이러한 연금개혁을 각국 자본시장의 성격과 관련하여 설명하고 있으며, 정진영(2001) 또한 멕시코의 공적연금 완전민영화에 대해 새롭게 민영화한 은행과 증권회사 등이 자산 건전성을 높이기 위해 목소리를 높이면서 본격화됐다고 분석한다. 그러나 남미의 몇몇 국가에서는 노후소득보장과 빈곤의 문제, 연기금 파산과 이를 메우기 위한 조세 지원 문제 등이 부각되면서 민영화된 공적연금이 재공영화되는 일이 발생하기도 했다.

부가 경제개발이나 사회 인프라 구축에 동원하는 자금으로 사용된 적도 있으며, 때로는 금융시장을 활성화하고 규모를 키우는 원천으로 취급되기도 했다. 누가 연기금 정책에 영향을 미칠 수 있는 헤게모니를 쥐고 있는가, 자본주의의 어떤 국면에 있는가에 따라 쌓여 있는 연기금에서 나오는 거대한 힘은 서로 다른 방향으로 흐를 수밖에 없게 된다.

신자유주의 시대, 연기금 금융화

*

연기금이라는 우리 시대의 거대한 힘은 금융자본주의와 떨어뜨려 생각할 수 없다. 20세기 후반 세계 금융시장에서는 규제 철폐가 이어졌고 다양한 금융상품이 등장하면서 금융시장이 팽창했다. 20세기 초 전 세계를 휩쓴 대공황을 계기로 규제의 벽은 무너졌고, 글로벌 자본주의로의 이행이 급속히 진행됐다.

시장에서의 규제 철폐를 강력하게 옹호한 이념이 바로 신자유주의이다. 신자유주의는 국가의 시장 개입과 규제, 복지국가에 대한 비판을 내세우며 20세기 후반 이후 주요 정치이념으로 자리 잡았다. 복지국가 위기의 시대에 경기가 둔화되고 수요가 감소하자 자본은 금융시장에서 돌파구를 찾기 시작했다. 자본은 고용을 창출하는 신규투자 대신 다양한 금융기술을 통해 수익을 창출하는 시장으로 몰려든 것이다. 규제 철폐에 힘입어 투자상품의 안정성은 줄어든 대신 고수익 금융상품은 증가했다. 결국 자본은 노동에 대한 책임은 대폭 줄인 채 국경을 넘어 더욱 자유롭게 낮은 비용으로 수익을 추구할 수 있게 되었다.

20세기 후반부터 최근에 이르는 수십 년 동안 2008년 금융위기를 비

국민연금 가치 선언

롯한 몇 차례의 위기가 있었다. 2008년 대규모 금융위기를 겪으며 리먼 브러더스와 같은 몇몇 거대금융기관은 붕괴하였지만 '비용은 사회화시키고 수익은 사유화하는' 대규모 정부 지원 과정 등을 거치며 경쟁자가 줄어든 시장에서 골드만삭스, JP모건 등과 같은 거대 금융회사들은 더 큰 공룡이 되었다. 수많은 평범한 사람들은 구조조정과 신용위기로 실업, 파산, 퇴거라는 고통을 겪었지만, 금융자본은 고수익을 바탕으로 여전히 현대 자본주의 작동에서 핵심적인 역할을 하고 있다.

그렇다면 이 과정에서 연기금이라는 거대한 힘은 어떠한 역할을 했을까? 현대 자본주의 금융시장이 연기금 없이 돌아갈 수 있을까? 문제는, 금융자본은 금융시장의 팽창 자체로부터 이윤을 창출한다는 것이다. 즉 금융기관들은 물론이고 모든 금융시장 참여자들은 금융시장의 지속적인 팽창을 요구한다. 연기금은 20세기 후반 이래 이러한 글로벌 금융시장의 팽창 요구에 부응하는 주요 원천이 되었다. 이 글에서 연기금 금융화란 '연기금을 적립해서 기금의 상당 부분을 금융시장에 투입하는 것'을 의미한다.

개인연금, 기업연금을 비롯한 사연금은 대량의 저축기금을 형성한다. 사람들이 사연금 상품에 가입해서 내는 연금보험료는 뮤추얼펀드, 보험회사, 투자회사 등의 기관투자가를 통해 금융시장에 투입된다. 사연금의 성장과 사연금 운영에 대한 규제 완화는 금융시장 팽창을 뒷받침할 수 있는 거대한 기금의 유입 흐름을 만들어 냈다.[16] 다시 말하면, 사연금 상품에 가입하여 보험료를 계속 적립하는 것은 노동소득의 일부가 규칙적으로 금융시장으로 유입되는 연결고리를 만들어 냈다. 사연금 상품과 금융자본 운용에 대한 투자 규제가 철폐되면서 사연금 상품으로 적립된 기금이 투기적 이윤을 창출하는 데 거침없이 나설 수 있게 되었다. 즉 노후소득보장을 위한 안정적 기금 적립과 지급이 이루어져야 하는 연금상품임에도 불구하고 다양한 형태로 위험도가 높은 투자가 이루어지게 된 것이다.

연기금은 신자유주의 시기에 지구적 금융시장이 팽창하는 동력이 되었고, 1990년대 이후 그 역할이 더욱 커졌다. 1990년대 중반에 이미 연기금에서 나온 돈은 OECD 국가의 주식시장 총자산의 40% 이상을 차지했다. 이에 몇몇 학자들은 연기금 자본주의pension fund capitalism란 용어를 쓰기도 한다. 연기금이 금융시장에서 대량의 주식, 채권을 소유함으로써 금융자본화되어 금융자본주의를 구성하고 있다는 것이다. 네덜란드, 스위스, 덴마크, 영국 등 몇몇 국가에서는 기업연금의 역할 비중이 큰데, 이 기금이 금융시장 성장의 주요 원천이 된 것도 모두 마찬가지이다. 미국과 마찬가지로 유럽에서도 연기금은 가장 크고 단일한 금융자본의 원천이 되었다.[17]

---

16 대표적으로 미국에서 1974년 제정된 ERISA법Employee Retirement Income Security Act은 기업연금을 맡아 운영하는 금융기관의 연금재정 책임을 강화함과 동시에 이들 생명보험회사나 연기금의 연금자산운용에 대한 규제를 철폐했다. 이에 기업연금들은 주식, 정크본드, 벤처 등 위험도가 높은 주식과 채권에 포트폴리오의 상당 부분을 할애하게 되었다. 그 결과, 미국의 기업연금 투자 자유화 조치는 자본시장에 큰 변화를 가져왔다.

17 2000년 기준 연기금은 그해에 형성된 펀드 총가치의 24%를 차지하였다. 연기금 다음으로 비중이 큰 경로가 은행으로서 펀드 총가치의 22%를 차지한다.

사연금 적립금처럼 공적연기금을 이윤중심 투자로 몰아가기

*

최근에는 사연금이 아닌 공적연금의 기금에도 주목할 필요가 있다. 개인연금이나 기업연금 같은 사연금이 아니라, 국민연금과 같은 공적연금도 대규모로 금융시장으로 유입되고 있기 때문이다. 과거에 대부분의 국가는 공적연기금의 해외투자 및 주식투자를 제한했다. 부과방식 연금제도에서 기금 규모도 제한적이었고, 존재한다고 하더라도 공적연기금은 국내 자본 조달이나 정부 재정 조달에 일부 사용되었다. 해외투자 및 주식투자에 대한 연기금 투입을 제한하는 것은 연기금의 안정성을 높이는 조치이자, 나아가 금융시장에서 연기금의 권력을 지나치게 키우는 것을 막는 조치로 여겨졌다.

애초에 신자유주의자들은 국가가 운영하는 공적연금을 시민의 자유를 침해하는 것으로 본만큼, 국가가 운영하는 공적연금의 축소나 해체를 주장하였다. 그런데 수익성 논리를 중심으로 공적연기금의 규모와 성격을 변화시키자는 주장과 규제 철폐 흐름이 나타났다. 공적연기금을 더 많이 적립하고 주식과 파생상품 등 위험자산 투자를 늘려 기금수익을 늘리고자 한 것이다.

이를 정당화한 논리는 연기금을 미리 적립하는 것이 후세대의 연금보험료 인상 압력을 낮춰준다는 것이었다. 또한 연기금의 수익을 활용하여 연기금 규모를 가능한 한 늘리는 것이 공적연금 재정을 안정시킨다는 논리도 작용했다. 연기금을 중국, 인도, 동아시아, 브라질 등 소위 신흥시장emerging market에 투입하여 이들의 경제성장 과실을 공유함으로써, 경제성장만으로는 고령화에 따른 비용지출 증가를 감당할 수 없는 유럽 연금제도의 재정적 딜레마를 해결해야 한다는 주장이다. 유럽의 연금펀드는 신흥시장에 대한 적극적인 금융투자를 통해 저개발·고성장 국가의 잉여를 연기금으로 유입시켜야 한다는 것이다. 결국 이런 주장은 연기금 운영에서 고위험·고수익 운용전략을 구사하기 위한 위험자산 투자를 부추기고, 해외투자 규제 완화와 철폐라는 결과를 불러왔다.

초기 공적연금 운영 과정에서 만들어지는 연기금을 주식에 투자하는 것에 강하게 반대한 것은 우파 자유주의자들이었다. 그들은 집합적 기금인 연기금이 주식을 지나치게 많이 보유하면 사적 소유 질서가 교란될 수 있다고 우려하였다. 연기금이 사기업의 대주주가 된다면 결국 소유 구조가 집합적 소유로 바뀌게 된다는 것이다. 즉 연기금 사회주의의 실현이다.

그러나 공적연기금이 가입자 각자의 개인자산처럼 운용되고, 수많은 기관투자자에게 위탁되어 투자된다면 문제는 달라진다. 이렇게 공적연기금이 더 이상 집합적 기금으로 작동하지 않는다면 공적연기금이라 할지라도 사회적 기금으로 집합적 소유권을 행사할 가능성은 작아진다. 이렇게 공적연기금의 주식투자로 인한 집합적 통제 우려가 사라지면서 우파 자유주의자들은 공적연기금의 주식투자를 제한할 필요가 없게 되었다. 공적연기금 운용에서도 안정성이나 사회적 기금으로서의 공공성 실현 대신에 어떻게 투자하여 이윤을 확보할 것인가 하는 문제가 중심에 서게 되었다.

그 결과 미미했던 규모의 공적연기금은 증가하였고, 캐나다, 일본, 스웨덴 등 여러 나라에서 공적연기금의 해외투자, 주식투자 규제도 크게 완화되었다. 미국 공적연기금social security trust fund을 제외한 대부분 국가의 연기금은 뮤추얼펀드를 비롯한 다양한 형태의 기관투자가들에게 위탁되어 투기적 금융자본의 일부가 되었다.[18] 오히려 연기금은 주식투자를 더욱 선호하는데, 이는 사들인 주식을 연금을 지불하는 수단으로 사용할 수 있고 기관투자가들에게 고수익을 가져다주는 투기 활동에 적합하기 때문이다.

지난 30여 년 동안 세계적으로 사연금은 물론 국민연금과 같은 공적연금의 변화가 향한 지점은 바로 연기금 팽창과 금융자본으로의 전환이었다. 이에 따라 어떤 이들은 연금개혁을 노동자의 복지를 담보로 진행되는 사실상의 자본시장 개혁이라 일컫기도 한다(Ghilarducci, T. & Liebana, P. L., 2000). 연기금은 공적연금이라는 사회보장제도의 부산물이었으나 집합적 성격을 최소화한 채 금융시장 팽창의 원천이 되고 있다. 자본주의의 장기 변화 속에서 지속적인 금융시장 팽창이 자본의 중요한 생존전략이 된 상황에서, 이제 많은 경우 연금개혁은 사연금은 물론 공적연금의 기금까지 다양한 형태로 금융자본의 일부로 편입시키고 있다. 이러한 '연기금의 금융화'를 위한 일련의 연금개혁 속에서 애초 사회보장기금인 연기금의 의미가 변화하는 것은 물론이고, 집합적 노후소득보장제도인 공적연금에도 보장성과 안정성의 위험이 커지고 있다. 이러한 위험을 떠안는 것은 공적연금에 가입하여 보험료를 내고 노후 안정성을 기대하는 보통의 시민이다.

---

18 미국 공적연금은 미 재무부에서 발행한 비거래채무증권non-tradable debt instruments에 전액 투자되어 정부재정운용에 투입된다. 따라서 금융시장으로의 유입은 차단된다.

(2) 연기금 유치를 위한 공적연금개혁 요구

집합주의 위기와 신자유주의 민영화

*

공적연금은 사회보장제도 중에서 신자유주의 구조개혁에 가장 큰 영향을 받으면서 집합주의적 특징과 공공성이 점차 축소되었다. 공적연금의 민영화는 부과방식의 재정운용 대신 적립금의 신설increased advance funding, 연기금 투자 포트폴리오의 다양화portfolio diversification를 통한 금융시장으로의 직접투자, 개인계정individual accounts의 신설을 대표적인 특징으로 한다.

신자유주의자들은 자본의 금융화 과정에서 거대 종잣돈으로 연기금을 활용하기 위해서 적립금이 없는 부과방식에서 적립금이 쌓이는 적립방식으로 재정운용방식을 전환할 것을 요구했다. 그 전면에서 세계은행은 1994년 「노후 위기 방지: 노후 보호와 성장 촉진을 위한 정책Averting the old age crisis: policies to protect the old and promote growth」 보고서를 통해서 부과방식의 연금은 실패했고, 과도한 재정 부담으로 경제성장에 장애가 된다고 진단했다. 이에 부과방식인 공적연금을 민영화해서 재정 부담을 해소할 수 있다는 대안을 내놓았다. 또한 부과방식의 공적연금제도를 3층 연금제도three pillars system, 즉 다층소득보장체계로 전환할 것을 제안했다(World Bank, 1994: 95~96).

부과방식의 공적연금제도는 인구 고령화 충격에 취약하고, 경제성장을 저해하기 때문에 최소한의 빈곤을 예방하는 수준으로 제한을 두었다. 더불어 완전적립방식 연금의 의무적 적용과 개인의 자율적 연금저축 같은 사연금제도의 도입을 제안하면서 오늘날 노후소득의 다층체계모델의 기원이 되었다. 한국의 국민연금은 1988년 시행되었지만, 제도 시행 10년 만인 1998년부터 모수개혁(보험료율과 소득대체율을 조정하는 개혁)을 시작하였고, 공적연금을 통한 보장성 강화보다는 노후소득보장에 대한 다층체계를 서서히 수용하였다.

국제노동기구와 국제사회보장협회ISSA에서는 세계은행이 공적연금의 민영화를 위해 펼친 주장들에 대해 반론을 제기했다. 우선 연금이 노동생산성을 낮추고 자본축적에 장애가 되어 경제성장에 부정적 영향을 미친다는 주장에 대해 유럽의 일부 국가와 미국 사례를 통해 노동시장에 부정적인 영향을 미치지 않는다는 점을 논증했다. 둘째, 연금 수준의 하향 조정이 정치적 위기의 원인이 된다고 주장하면서도 동시에 노동자의 연금 수혜 폭을 줄이려는 세계은행의 모순을 꼬집었다. 셋째, 연금재정 문제의 해결을 위해 적립방식을 제안했지만, 노령화에 따른 부양률과 연금수급기간 연장으로 발생한 재정적인 압박은 재정운용방식과는 관련이 없다고 지적했다. 즉 부과식 연금재정운용과 공적연금의 재정위기는 관련이 없다는 것이다. 넷째, 후세대가 손해를 본다고 주장했지만, 이들은 그다음 세대로부터 소득이전의 혜택을 받게 된다. 후세대의 손해라는 주장이 입증되기 위해서는 다음 세대가 마지막 세대여야 할 것이다. 다섯째, 적립방식의 전환으로 전 국민 혜택이 높아질 것이라는 주장은 이미 칠레의 민영화 실패 사례에서 충분히 반증되었다(Beattie, R. & Warren, M., 1995: 5~18).

적립기금 1000조를 운용하는 국민연금도 매년 정해진 규모의 기금을 국내외 주식 및 채권, 대체투자상품(사모투자, 부동산, 인프라)에 투자한다.

그러나 이 기금은 일반 자본처럼 탄력적으로 운용할 수 없고, 수익률과 안정성 그리고 공공성 사이의 균형을 유지하기 어렵다. 그리고 무엇보다 금융시장 상황에 따라 수익률이 변해서 손실이 발생하면 대책이 없고 인플레이션에도 매우 취약하다. 또 베이비붐 세대가 수급자로 대거 진입한 이후 자산의 급격한 유동화(급여 지급을 위해 자산을 현금화하는 것)가 요구되는데, 이 과정에서 자산가치의 폭락melting down을 방어하기 어렵다. 이러한 난제들을 고려할 때, 연기금의 적립방식운용을 두고 우수하다거나 적절하다고 평가하기는 힘들다.

최근 재정 부담과 관련해 벌어지고 있는 논쟁을 보면 세계은행의 주장에 대한 네 번째 비판에서 다뤄졌던 후세대 부담론이 반복되고 있는 것을 알 수 있다. 그러나 사회가 지속되는 한 특정 세대만 더 많은 부담을 떠안게 될 수는 없다. 중요한 것은 초저출생에 따른 사회적 부양비용 증가에 대한 특별 대책이 필요하다는 것이며, 이는 결코 세대문제로 접근할 수 없다. 세대 부담론에 밀려서 공적연금의 소득대체율을 축소할 경우, 현세대뿐만 아니라 미래 세대에 대한 노후소득보장 기능이 축소되어 개인이 감당해야 할 몫이 커지고 만다. 이는 결국 노후소득을 준비하기 어려운 계층의 빈곤화에 대해서는 사회적 개입을 중단하는 것과 다를 바 없다.

세계은행의 다층노후소득보장 선언

*

다층노후소득보장 혹은 다층연금이란, 세계은행이 1990년대에 연금개혁 논쟁을 벌이기 시작하면서 강조한 개념으로, 기존 복지국가에서와 같이 부과방식 공적연금이 주된 노후소득보장 역할을 하는 것이 아니라 공적연금의 역할은 줄이고 기금을 적립하는 사연금이 그 역할을 하게 하는 노후소득보장체계를 말한다. 새로 노후소득보장 역할을 떠맡는 적립식 사연금은 금융시장에서 자유롭게 운영되는 개인연금상품이 전형적이지만 여기에 의무적으로 가입하는 개인연금제도를 포함시키기도 한다. 일부 국가에서는 각자 연금계정에 보험료를 적립하고 금융시장에서 운용하는 개인연금 가입을 의무화한 사례도 있다. 다층노후소득보장체계로의 전환에서 중요한 것은 각자의 연금계정에 연기금을 쌓는 방식으로 노후를 보장하게 만드는 것이다.

물론 거의 모든 나라에는 기업연금, 개인연금이 존재한다. 이러한 사연금제도가 존재하는 것만으로는 다층체계라고 할 수 없다. 사연금제도가 노후소득보장에서 상당한 역할을 할 때 비로소 다층노후소득보장체계가 작동한다고 말할 수 있다. 한국에서는 퇴직연금과 개인연금이 상당한 역할을 하는 체계를 다층노후소득보장체계라고 한다. 그렇다면 한국에는 다층노후소득보장체계가 형성되어 있을까?

1990년대 중반 이후 연금개혁 담론을 주도한 것은 세계은행과 국제노동기구였다. 한국에서는 외환위기 이후 세계은행의 연금개혁 주장이 집중적으로 소개되면서 다층연금론이 연금개혁 담론의 주류를 형성하였다. 세계은행의 입장은 앞에서 소개했던 「노후 위기 방지: 노후 보호와 성장 촉진을 위한 정책」(1994) 보고서에서 제안됐고, 그 핵심은 3층 연금모형이었다. 1층은 '의무적용의 공적연금'으로 조세를 재원으로 하며 급여수준은 낮게 억제된다. 2층은 기업연금이나 개인연금인데 의무적용을 통해 대규모 연기금 적립을 유도한다. 3층은 임의적용방식의 기업연금이나 개인연금으로 중산층 이상에게 적절한 소득보장 기능을 하도록 한다(World

Bank, 1994).[19]

다층노후소득보장체계의 구체적 설계는 각국의 연금제도 유산이나 연금시장 성숙도 등에 따라 달라진다. 그런데도 변함없는 핵심은 공적연금은 기초보장만을 담당하고, 빈곤을 예방할 만한 적절한 수준의 노후소득보장은 사연금이 담당하도록 한다는 것이다. 이 경우 통상 확정급여식DB 사회보험인 공적연금은 축소되고, 그로 인해 줄어든 보장 기능 일부는 낮은 수준의 기초보장이나 빈곤노인만을 대상으로 하는 최저소득보장 연금 혹은 공공부조로 이전된다. 그리고 남은 공백은 적립식 기업연금이나 개인연금으로 채워진다(World Bank, 1994; Holzmann et al., 2005).[20]

세계은행이 다층연금체계 구축의 명분으로 삼은 것은 고령화로 인한 재정 위험도의 증가였지만, 공적연금을 기초보장 수준으로 축소하는 다층연금체계로의 전환은 분명 고위험자산에 투자하는 연금상품시장의 확대를 가져온다. 다층노후소득보장체계를 구축하는 것은 국가의 사회보장 기능을 축소하고 사연금을 통한 소득보장을 확대하는 것으로, 특히 사연

---

19 국제노동기구의 제안은 「사회보장연금의 발전과 개혁The Development and Reform of Social Security Pension」(Gillion, C., 2000)에 정리되어 있는데, 세계은행 제안에 비해 기존의 공적연금의 역할을 강조하고 있고, 조금 더 복잡한 형태를 띠고 있다. 1층에는 조세 재정의 최저소득보장 연금이 존재하며, 2층에는 조세 재정의 공적 기초연금 혹은 보험료 재정의 부과방식 연금이 존재한다. 이 연금은 소득대체율 40~50%로 설정되어 연금 급여수준이 세계은행 제안보다 높다. 3층에는 강제적용방식의 사연금이, 4층에는 임의적용방식의 사연금이 존재한다.

20 세계은행이 2005년 새로 제안한 것은 기존의 3층 체계에 더해 빈곤층·비정규직 등 사각지대에 놓인 사람들을 위해 0층(공공부조 차원의 기초연금)을 신설하는 것, 1층 공적연금의 소득비례 부분을 강화하는 것, 4층을 신설해 빈곤노인에 대한 주택·의료서비스를 강화하고 가족 내 부양 프로그램을 강화하는 것 등이다. 1994년 개혁안에 대한 평가를 통해 공적연금과 사연금 모두에서 배제된 극빈 계층을 위한 보완책을 마련하고 사적부문 활용 수준을 더욱 높인 것이 핵심이다.

금시장과 이를 통한 금융부문의 발전을 가져온다는 점에서 신자유주의적 금융화와 긴밀한 관계에 있다. 애초 세계은행이 모범으로 내세운 것은 공적연금을 완전히 개인연금으로 재편한 칠레 사례였다. 그러나 오래전부터 공적연금을 부과방식으로 운용한 나라들에 이 방안을 적용하는 것은 불가능했다. 그래서 신자유주의적 재편에 필요한 핵심 내용을 갖춘 다층노후소득보장체계가 제시된 것이었다.

다층노후소득보장체계의 세계적 전파

*

다층노후소득보장 연금개혁 모델은 세계은행 등의 직접적 개입에 힘입어 남미와 동유럽에 상당한 영향을 미쳤다. 다층연금모형은 사회주의에서 자본주의 체제로 전환하던 나라에 특히 중요했다. 동유럽 국가들은 시장경제를 구축하는 과정에서 자본 동원이 필요했고, 세계은행은 이 국가들을 세계 자본주의 경제로 포섭하는 데 있어 중요한 역할을 하고 있었기 때문이다. 이들 국가는 적립식 연금을 도입하여 저축 증가 및 연금시장 창출을 도모했고, 연금개혁으로 금융시장과 시장경제 발달을 견인하려 했다. 이에 헝가리, 폴란드, 크로아티아, 루마니아, 에스토니아 등은 1990년대 말부터 2000년대 초 사이에 연기금 적립을 확대하는 방향으로 연금개혁을 단행했다.

다층연금모형 담론이 일반화되면서 공적연금의 축소와 사연금의 확대는 다른 나라에서도 이루어졌다. 1998년 스웨덴이 연금개혁을 통해 적립식 개인계정연금인 프리미엄 연금Premium Pension을 도입한 것과 독일이 과감한 재정 지원을 수반한 개인연금인 리스터연금Riester Pension을 도입한 것 등이 대표적인 사례이다.

한국에서도 2000년대 이후부터 세계은행 등이 제시한 다층연금모형에 주목한 것은 우연이 아니다. 1998년 외환위기 국면에서 구제금융 제공 당시 세계은행이 한국 정부에 제시한 조건에는 국민연금제도 개혁과 공공자금 대여 폐지 같은 연기금 운용방식의 변화가 포함되어 있었다(Bateman, 2007).

세계은행은 차관Structural Adjustment Loan II, SAL II 제공을 계기로 한국의 연금제도 재구축을 권고했다. 세계은행은 아시아–유럽정상회의ASEM의 노인복지 지원금으로 한국 연금개혁을 위한 태스크포스 운영과 연기금 운용능력 제고에 필요한 자금을 조달했다. 세계은행의 권고안은 국민연금과 공무원연금 같은 공적연금을 축소 조정하여 통합하고, 퇴직금을 완전 적립식의 확정기여DC 기업연금으로 전환하며, 사연금 발전을 위한 지원을 대폭 늘리는 것을 골자로 했다. 금융시장 팽창과 관련해서는 국민연금 기금 운용을 개선하고 퇴직금제도를 개편함으로써 자본시장을 발전시키고 불안정성을 제거한다는 내용이 제시되었다(World Bank, 2000).[21]

또한 세계은행은 한국 국민연금 재정 상태에 대해 세계은행 기준에 맞는 추계 결과를 제시할 것을 요구했다. 주로 사연금에서 사용되던 연금부채liability 개념을 실제 파산위험이 인정되지 않는 공적연금에도 적용하기 시작했다. 이후 한국에서는 재정건전성 문제가 국민연금기금의 급증이 예상되는 와중에도 연금개혁의 주요한 근거로 활용된다. 한국의 연금개

---

21 세계은행의 다층노후소득보장체계 구축 방안은 기본적으로 노후소득보장에 대한 개인의 책임을 강조하는 것이었지만, 한국에 대한 권고안에서는 공적연금 급여의 하향 조정과 함께 포괄범위 확대, 사각지대 문제 해소 등을 함께 다루었다.

혁에서 재정안정 담론이 거세지기 시작한 것이다.

세계은행의 다층노후소득보장체계 구축 방안은 한국에 바로 수용되지는 않았다. 세계은행의 권고안은 공적연금 축소와 퇴직연금제도 도입 등으로 부분적으로 실현되었을 뿐 완전한 형태로 실현되지 않았다. 하지만 한국 연금개혁 논의의 출발점이 되었다. 많은 전문가들은 다층노후소득보장 담론을 적극적으로 수용했다. 또 연기금 운용이나 연금재정 등에 대한 내용은 정치적인 함의를 갖기보다는 기술적인 차원의 것으로 이해되면서 충실히 수용되었다.

특기할 것은, 한국의 연금개혁 담론과 지형은 전 세계에 신자유주의를 설파하는 대표적인 기관에 의해 만들어졌다는 점이다. 국민연금이 본격적으로 급여를 지급하기 이전부터 재정건전성 문제가 강하게 부각됐고, 다층노후소득보장체계가 연금개혁의 기본 담론을 형성한 가운데 퇴직연금제도 도입과 2007년 국민연금 축소가 이루어졌다. 이러한 연금개혁은 경제위기 이후 한국 사회에 신자유주의 흐름이 정치적, 이론적 우위를 점한 현상과 무관하지 않다.

다층노후소득보장이라는 포장지 안의 칼날

*

사실상 통념처럼 되어버린, 일견 합리적인 주장인 것처럼 보이기도 하는 다층노후소득보장론에 따라 연금개혁이 이루어진다면 어떤 일이 벌어질까? 우선 연금제도의 노후빈곤 대응 능력이 더욱 약화될 것이다. 공적연금인 국민연금이 축소된 상태에서, 개인연금이나 퇴직연금 같은 사연금제도가 적정 수준의 보장을 제공하지 못하면, 결국 이는 연금수급자의 생활 수준을 악화시키는 결과를 낳는다. 즉 고령화가 진행되는 와중에 노후 빈곤 위험은 더 커지는 것이다. 이 경우 기초연금을 통해 빈곤 대응을 강화할 수 있다고 주장할 수 있지만, 앞서 말한 바와 같이 기여에 의해 수급권을 확보하는 국민연금의 급여가 낮은 상태에서는 무기여식 제도인 기초연금을 빈곤 대응이 가능한 수준까지 끌어올리기 어렵다. 더욱이 기초연금 대상과 급여는 경제상황과 일반적인 재정 상태에 따라 쉽게 줄어들 수 있다.

그다음으로 노후소득보장에 가해질 새로운 위험이 증가할 것이다. 다층연금모형에서는 확정기여방식 연금의 역할이 커지는데, 급여를 미리 확정 짓지 않으면 근본적으로 급여의 불확실성이 커진다. 확정기여방식에서 퇴직 시점에 적립 기여금을 연금으로 전환하는 것은 많은 나라에서 이미 논란이 됐는데, 연금액 수준의 적절성이 문제가 된 것이다. 정보가 충분하지 않은 상태에서 중개 수수료를 많이 챙기는 판매인에게 부적합한 연금상품을 살 수도 있고, 평균수명이 긴 여성들에게는 더 적은 연금 급여가 주어질 수 있다. 또한 세계은행 보고서는 평균수명 이상 생존자에 대한 연금은 공적 체계가 떠맡을 것을 제안하기도 했다. 물론 어떤 이들은 사연금에 대한 국가 규제를 통해 이러한 문제를 완화할 수 있다고 주장한다. 그러나 대부분의 국가에는 분산된 형태의 다종다기한 사연금을 규제할 정교한 기술이 없다.

게다가 연기금 투자의 위험성, 금융시장의 불확실성이란 커다란 위험이 추가된다. 적립된 연기금을 적절하게 투자해서 수익을 올릴 수 있을지 불확실하다. 금융위기가 도래해 연기금이 대량 손실되는 일은 이미 수차례 벌어졌다. 특히 금융시장의 하락 국면에서 은퇴를 맞아 적립식 사연금을 받게 된 경우 큰 폭의 수익 하락은 전적으로 가입자가 떠맡게 된다.

또 적립식 사연금이 확대되면 관리운영비가 높아질 수밖에 없다. '공적연금은 비효율적이며 사적연금은 효율적'이라는 재정론자의 가정은 관리운영비를 놓고 봤을 때 정확히 그 반대이다. 사연금의 비효율성을 보여주는 극단적인 사례가 영국과 미국의 개인연금이다. 이들 국가의 개인연금 관리운영비는 경우에 따라 기여금의 35%에 달한다. 특히 저임금 노동자와 불안정한 고용형태에 있는 사람들의 경우, 정기적 기여가 어렵고 기여금도 최저 수준이기 때문에 사연금 운영 수수료가 훨씬 더 비싸다. 연기금 운영에서도 연기금 투자를 민영화하는 것은 그만큼 규모의 경제가 갖는 효과를 없애고 마케팅 비용을 야기하며 운영을 복잡하게 만들기 때문에 큰 비용을 발생시킬 수 있다. 결국 사연금은 높은 운영 수수료를 부과하여 금융업계의 수익을 보장하고 가입자의 연금액은 낮춘다.

그리고 다층노후소득보장체계에서 개인연금이나 퇴직연금 같은 사연금제도가 적정 수준의 보장을 제공하지 못하면, 결국 국가가 최저 수준의 보장을 하기 위해 공공지출을 증가시켜야 할 것이다. 즉 기초연금이나 국민기초생활보장제도의 지출은 늘어나게 된다. 공적연금 재정을 절감한다고 하지만 노후소득보장을 위한 공적 자원 투여량 전체가 과연 계획만큼 줄어들게 될지 의문스럽다.

마지막으로 노후소득보장에서 계층 간 재분배를 이룰 수 있는 통로가 공적연금이라는 점에서 공적연금은 사적연금보다 사회정의 면에서 더 우월하다. 국민연금 축소와 사적연금 확대는 노후소득보장에서 전체적인 재분배 효과를 축소시킨다. 즉 노후소득의 격차는 더 커지고, 노인인구 비중이 큰 사회일수록 전체 불평등은 심화된다. 그럼에도 불구하고 다층노후소득보장체계가 합리적인 위험분산 방법이라고 말할 수 있는 것일까?

2 국내에서 진행된 연기금을 둘러싼 쟁투

재정계산 오용과 연기금 지상주의

*

국민연금의 지속성을 위해 재정계산이 도입되었다. 국민연금법에 따르면, '국민연금의 재정전망과 연금보험료의 조정 및 국민연금기금의 운용 계획 등이 포함된 국민연금 운영 전반에 관한 계획을 수립(국민연금법 제4조 ②항)'하기 위해 재정계산이 시작되었다. 사회가 유지되는 한 지속되는 제도인 국민연금을 현재와 같이 미래에도 유지하기 위해 재정적 요소뿐만 아니라 제도 전반에 대한 논의가 정기적으로 진행된다. 그런데 재정계산이 시작되면서 제도보다는 재정, 특히 연기금에 대한 중요성이 과도하게 부각되었다. 그 과정에서 세계은행 등이 권고했던 공적연금 축소를 위한 개혁방안들이 국민연금제도의 변화에 영향을 미치게 되었다. 지금부터 재정계산이 진행된 과정에 대해 살펴보자.

5년마다 국민연금의 재정, 제도, 기금 측면의 지속가능성을 진단하기 위해 진행되는 재정계산은 전문가 위원회를 통해 이루어진다. 이 위원회는 자문기구로서 재정추계위원회(재정), 제도발전위원회 또는 제도개선위원회(제도), 그리고 기금운용발전위원회(기금)로 구성된다. 세 위원회에 소속된 전문가들은 6~8개월 동안 국민연금의 상태를 진단하고 개혁방안에 대한 논의를 거쳐서 최종적으로 향후 5년에서 70년을 예측하는 보고서를 제출한다. 이 보고서에 제시된 안을 바탕으로 정부는 연금개혁 방향을 선택해서 국무회의에 상정하고, 국회에서 통과되면 법률을 개정하고 실행하는 것으로 개혁이 일단락된다.

각 위원회의 전문가들은 정부로부터 의뢰를 받은 단체가 추천하고, 그후 다시 정부가 위촉한 인사들이다. 이제까지 정부로부터 전문가 추천을 요청받았던 단체는 연금보험료를 납부하는 직장가입자 대표단체(대표적으로 노동조합총연맹과 경영자총협회)와 지역가입자 대표단체(농어민대표단체 등)와 시민사회단체 등이다. 그러나 정부가 지정하는 추천 단체에 대한 구체적인 규정이나 지침은 없고 관행만 있다. 지난 25년 동안 세 위원에 참여했던 위원들은 다양했지만, 바뀌지 않고 항상 포함된 전문가들도 있다. 경제학, 경영학, 행정학, 사회복지학, 회계학, 금융학, 사회학, 법학 등 제도와 연결된 학문 영역이 꽤나 넓어 다차원적인 검토가 가능하다. 다만 우려스러운 점은 공적연금인 국민연금과 사연금을 구분하지 않은 채, 사연금의 재정원리를 공적연금인 국민연금에 적용하는 전문가들이 꽤 많다는 점이다.

매번 재정계산 결과가 발표되고 그에 따라 국민연금개혁안을 마련해야 하지만, 각 위원회에 참여하는 전문가들의 관점 차이로 빚어지는 대립이 커지면서, 연금개혁에 대한 논의 과정이 시민들에게 혼선을 주고 있다. 전문가들의 대립은 '국민연금의 목표를 어떻게 보는가'에 대한 차이에서 비롯된다. 이는 국민연금의 목표를 '큰 규모의 적립금을 유지하는 재정 중시 관점'과 '노후빈곤 예방을 위한 제도의 안정성 중시 관점'으로 대별된다. 양쪽의 주장은 모두 공적연금제도의 안정이라고 하지만, 수단과 목표가 뒤엉키면서 '무엇을 위한 국민연금인가'라는 본질적인 질문에 직면하게 되었다.

여기에 저출생과 인구 고령화의 속도가 빨라지면서 국민연금의 재정을 두고 '누가 비용을 부담할 것인가'라는 문제로 논의가 집중되었다. 이러한 변화로 노후소득보장 강화를 위한 제도적인 개혁(소득보장중심론)보다는 연기금의 적립 규모를 키우는데 더 관심(재정중심론)을 기울이는 형국이다. 소득보장중심론과 재정중심론을 구분하는 차이는 '연금개혁의 우선순위를 무엇으로 보는가'에 있다. 그러나 이는 기술적인 문제가 아니라, 노후소득보장체계에서 국민연금의 역할과 기능을 달성하기 위해 무엇에 집중해야 하는지에 대한 관점 차이로 보는 것이 마땅하다.

재정중심론 VS 소득보장중심론

*

재정계산 시기마다 '국민연금의 핵심문제는 무엇이고, 어떻게 해결해 갈 것인가'를 두고 다양한 주장이 제시되지만, 입장은 크게 재정중심론과 소득보장중심론으로 구별된다.

재정중심론에서는 적립금 규모가 70년간 유지되면서, 70년이 되는 해에 적어도 이듬해에 지급하게 될 연금급여 총액의 지출분을 적어도 1배 이상 쌓아 둔 상태를 재정안정으로 본다. 그러므로 이들의 시각에서 기금 고갈은 당연히 적립금이 사라지는 때로, 이때 재정안정이 깨지고 제도 유지가 어렵다고 본다. 따라서 보장성을 높이는 것은 기금 소진을 앞당기므로 보장성은 낮출수록 유익하다고 보는 반면 연금재정의 수입인 보험료는 시급히 올리고, 연금을 받게 될 나이는 상향할 것을 요구한다.

2022년부터 2023년 사이에 활동한 제5차 재정계산위원회는 보험료율을 현재 9%에서 12%, 15%, 18%로 상향하는 3가지 인상 시나리오와 연금을 받게 되는 수급 연령을 당장 65세와 68세로 올리는 2가지 연기 시나리오를 제안했다. 더 나아가 1000조인 국민연금기금을 더 적극적으로 운용해서 수익률을 올려야 할 것을 주문하며 4.5%, 5%, 5.5%의 세 가지 목표수익률을 제안했다.

재정계산위원회의 모든 제안은 보건복지부의 종합계획에서 18가지 시나리오로 제시되었다. 종합해 보면 이들의 관점에서 국민연금의 목표는 재정안정화이고, 이를 위해서 가입자들에게는 더 많은 보험료를, 수급자들에게는 더 낮은 연금급여를 요구해야 하며, 매해 쌓이는 연기금은 더 많은 수익률을 위해 위험을 감당하며 운용해야 하는 것으로 요약된다.

반면 소득보장중심론에서는 국민연금의 핵심문제를 낮은 연금급여로 인해 노후빈곤 예방이라는 공적연금 본연의 목표를 달성하지 못하고 있는 것으로 본다. OECD 보고에 따르면, 한국 국민연금의 소득대체율은 최대 가입기간을 전제로 해도 31.2%로, OECD 평균인 42.2%보다 11% 포인트 낮다. 또한 대한민국 노인빈곤율은 OECD 회원국 중 가장 심각하다. 즉 공적연금인 국민연금은 노후소득보장을 목표로 제도를 운영하는데, 35년이 넘도록 소득보장이 제대로 강화되지 않아 노인빈곤 문제가 해소되지 못하고 있다고 본다.

그러므로 소득보장중심론은 국민연금의 소득대체율 인상을 우선적으로 해결해야 할 과제로 본다. 또한 공적연금의 재정은 경제 및 인구 요인 등을 고려해서 종합적으로 판단해야 한다고 본다. 재정중심론의 재정안정화 관점은 사보험에서 사용하는 보험계리적 접근이므로 공적연금에 대한 접근은 달라야 한다는 것이다. 재정안정화의 척도를 적립금의 규모나 기간으로 보기보다는 빠른 인구변화로 인한 급격한 적립금의 소진을 중시해야 한다. 그러므로 기금을 더 쌓는 것은 해법이 될 수 없고, 사회의 재생산이 원활하게 이루어져 국민연금의 재정 기반인 가입자 규모 확대, 가입자의 소득 증대가 달성되고, 국가의 적극적인 재정 책임 분담이 이루어지는 것이 해법이라고 본다. 그리고 이를 위해서 금융시장에서 운용되고 있는 연기금을 사람에게 투자해서 사회와 삶의 질을 변화시키는 데 일조해야 한다고 본다.

연금제도는 경제활동 참가자(노동 세대)와 은퇴한 노인(노령 세대)이 삶을 영위하기 위해 사회적 총생산물을 나누는 방식을 제도화한 자본주의의 산물이다. 노령화로 증가한 노인부양비를 마련하는 것 자체가 문제라면, 정부가 세금을 걷어 충당할 수 있다. 한국과 같은 부과방식으로 연금을 운영하는 국가들도 인구 고령화에 따라 정부의 세금 부담을 증대시켜 왔다(대표적으로 독일). 노인을 지원하는 비용, 그래서 부담해야 할 비용 문제만 논의하는 것이 아니라면, 연금제도의 개혁 논의는 인구 구성의 변화, 일자리와 관련된 산업구조의 변화 등이 반드시 함께 논의되어야 한다. 그런데 이러한 변화를 예측하고 진단해야 하는 전문가들의 논의의 장이 어느 순간 연기금과 먼 미래의 재정불안 문제로 도배되었다. '돈을 얼마나 키울 것인가, 그리고 그 돈을 누가 부담할 것인가'라는 문제에만 초점을 맞추면, 결국 적립된 돈의 크기를 키우는 데에만 과도한 관심이 쏠리게 된다.

국민연금 가치 선언

사연금과 공적연금의 재정방식 비교

*

한국의 정부와 언론은 국민연금을 마치 저축처럼 취급해 왔다. 국가가 운영하는 공적연금은 보험회사가 운영하는 사연금과는 상당한 차이가 있다. 공적연금은 '사회적 필요'에 따른 전체 사회구성원에 대한 위험을 집합적으로 보장한다. 반면 보험회사가 운영하는 사연금은 사기업인 보험사와 개인 간 형성된 계약을 기반으로 가입자(고객)의 지불능력(보험료)에 맞는 상품에 맞춰 위험 보장 정도가 결정된다. 그러나 국민연금은 가입자 각자가 납부한 보험료의 총액만큼 연금급여를 제공하지 않는다는 점에서 가장 큰 차이가 있다. 이러한 차이는 개인연금과 공적연금의 재정운영 방식에서도 나타나는데, 사연금은 적립방식으로 공적연금은 부과방식으로 운영된다.

*

적립방식과 부과방식 사이의 이념적 논쟁은 존재하지만, 양자 모두 노후소득을 보장하기 위한 방식으로 사용됐다. 적립방식의 경우 피보험자가 생애 노동 기간 내내 소득의 일부를 미래 급여를 위해 모두 적립하는 방식이다. 주로 사법에 기반을 두고 자발적으로 선택하며, 금융시장에서 적립금이 운용된다. 개별보험사들은 장기적으로 피보험자의 규모와 수입을 예측해서 보장할 수 없으므로, 개인별 계좌가 보장의 기반이 된다.

반면 부과방식은 국민연금처럼 국가에서만 조직할 수 있으며, 의무를 기반으로 모두에게 적용된다. 공적연금을 부과방식으로 운용할 수 있는 이유는 보험가입자와 보험수급자의 규모를 파악할 수 있고, 전 국민의 사회적 필요에 맞춘 대비가 가능하기 때문이다. 매달 수급자와 가입자의 규모를 알 수 있으므로 적립금이 필요하지 않고, 소득과 지출 사이의 단기 변동이 발생할 때를 대비해 준비금 정도만 유지하면 된다(Bundeszentrale für politische Bildung, 2020.1.30a).

공적연금이 부과방식으로 운영되는 또 다른 중요한 이유는 연금급여의 가치를 보전하기 위해서이다. 즉 적립금을 통해 현재의 자산가치가 먼 미래까지 보장되는 것은 쉽지 않다. 지금부터 매달 보험료를 내기 시작해서 국민연금의 완전가입기간인 40년 동안 보험료를 적립했다고 가정하자. 40년간 적립될 자산의 가치는 해가 거듭될수록 하락할 수밖에 없고,[22] 무엇보다 적립금을 운용하는 과정에서 발생하는 금융 위험을 감수해야만 한다. 이에 부과방식의 공적연금은 적립금 운용에 따른 위험 요소를 피해 갈 수 있다.[23]

마켄로트 이론 Mackenroth These

모든 사회지출은 항상 현재 국민소득에서 충당되어야 한다는 원리로, 사회적 소득은 현재 국민생산에서 조달될 수밖에 없다는 경제적 사실에 기반한다. 노후 또는 불황기를 대비하기 위해 저축이나 생명보험에 드는 것은 거시경제적 관점에서 비롯되지만, 이는 모든 시민에게 가능한 방식이 아니다. 그러므로 마켄로트는 한 사회와 국민경제는 이후 발생한 지출에 대해 저축을 통해 미리 충당할 수는 없다

---

22 인플레이션을 가늠할 수 있는 한 가지 지표로 짜장면 가격의 변천을 살펴보면, 1970년도 100원, 1980년도 348원, 1990년도 1073원, 2000년도 2533원, 2010년 3945원, 2020년 5276원으로 50년간 약 53배 인상되었다(경향신문, 2023.04.06).

23 일본의 경우 1942년 완전적립방식의 공적연금을 채택했지만, 제도 시행 20년 후부터 적립금이 부족해지면서 부과식으로 전환했으며, 독일 역시도 나치 독일 시기 적립금을 전쟁기금으로 모두 탕진하게 되면서 전후 전면적인 연금개혁을 통해 완전부과방식으로 전환하였다.

고 본다(Bundeszentrale für politische Bildung, 2020.1.30b).

독일의 사회정책학자인 베커Bäcker와 키스틀러Kistler는 적립방식에 기초한 노후소득보장제도 역시도 후세대가 노인을 위해 소비를 포기할 때만, 연금을 지급할 수 있다고 보았다. 왜냐하면 적립된 자산은 주식, 부동산, 유가증권 등에 투자되고, 노후소득을 위해 매각하려면 이 투자에 대한 구매자가 나서야 하기 때문이다. 본질적으로 현재 경제활동을 하는 후세대 중 누군가가 자신의 노후소득을 보장하기 위해 구매해야 한다는 관점에서 보면 적립방식도 부과방식처럼 세대 공존을 기반으로 하고 있다. 다만 적립방식으로 노후소득을 준비한 세대의 규모가 크다면, 이들은 상당한 규모의 자산을 매각해야만 한다. 그런데 이에 대한 후세대의 수요가 낮아진다면, 자산가치 하락의 위험성은 커질 수밖에 없다. 또한 기대수명 연장에 따른 연금수급 기간 증대, 낮은 출생률, 생산인구와 노령인구 사이의 불균형성 등과 같은 인구구조의 변화는 추가적인 재정 부담을 필요로 하는데, 이를 해결할 만능의 재정운용방식은 없다.

국민연금의 미래 재정을 고민할 때, 가장 많이 노출된 프레임은 '후세대의 부담을 낮추기 위해서 현세대가 더 많은 보험료를 부담해서 적립금을 많이 쌓아두어야 한다'는 것이다. 이러한 논의 지형에서 현재의 낮은 소득대체율을 높여서 노후소득보장을 강화해야 한다는 주장은 마치 후세대에게 빚을 투척하는 몰염치한 주장으로까지 몰리기도 한다. 그러므로 연기금 운용방식에 대한 정확한 이해를 통해 누적된 오해를 풀고, 오해에서 비롯된 과장된 불안을 잠재우는 것이 필요한 때이다.

만능 해결사가 될 수 없는 연기금

*

재정계산위원회의 논의 과정에서 재정이 연금제도의 최우선 목표처럼 설정되고, 재정안정을 이루는 방법으로 연기금을 더 많이 쌓자는 주장이 계속되고 있다. 그러나 국민연금의 안정적인 운영은 재정만으로 달성될 수 없다. 그런데도 재정중심론의 전문가들은 연금급여 지급을 위해서는 더 많은 적립금을 쌓아야 하고, 이를 위해서 보험료도 가능한 한 빨리 올려야 한다고 주장한다. 그렇다면 국민연금의 안정적인 재정이라는 것은 충분한 돈을 쌓아놓고 부담 없이 받자는 의미가 되는 것일까? 만약 그렇다면, 부과방식으로 연금제도를 운영하는 대다수 국가는 연기금이 없으므로 언제 터질지 모르는 재정불안정을 품고 불안한 현재를 보내고 있는 것인가? 그건 아닐 것이다.

연기금은 인구학적 변화나 단기 유동성에 대한 충격이 발생했을 때 일시적으로 완충작용을 할 수 있는 준비금의 성격을 갖는다. 미래에 발생할 연금급여를 모두 계산해서 적립하는 사연금의 적립금과는 근본적으로 성격이 다르다. 기금이 고갈되면 연금을 지급하지 못하는 사태는 사연금에서만 발생한다. 공적연금에서 연기금이 많이 적립되면, 기금이 소진될 시점을 미리 대비하여 제도 운영방식을 수정·보완할 수 있다. 그러나 재정중심으로만 국민연금을 바라보는 사람들은 연기금이 사라지는 시점에 주목하면서 불안감을 조성한다. 미래의 일이니까 걱정하지 말자는 이야기가 아니다. 다만 연기금이 바닥나는 때는 올 수밖에 없는데, 그때를 늦추거나 미루는 것만이 연금제도의 안정적인 운영이라고 볼 수 없다는 것이다. 국민연금이 제도적으로 해결해야 할 문제점들은 미뤄두고, 미래의 재정문제를 가장 먼저 고민하게 하면서 시야를 좁히는 것이 과연 바람직한 접근일까? 고갈은 '당연'한 과정이라고 하면 연금제도에 대한 불신은 커진다. 여전히 '공적연금을 저축'으로 생각하는 것에서 벗어나지 못하고 있기 때문이다.

재정중심론자들은 연기금을 많이 적립하는 것으로 재정불안정성 문제를 해결할 수 있다고 낙관한다. 우선 연기금을 소진하지 않도록 하는 게 중요하고, 소진 시점을 늦추기 위해 빠른 보험료 인상이 필요하다고 본다. 적립된 연기금은 현금으로 보존되지 않고, 금융시장에서 운용된다. 이에 투자수익의 극대화를 통해 자산 규모가 커지는 것을 재정안정으로 보면서, 이를 위해서 위험자산에 대한 투자 비중을 높여야 한다고 주장하기까지 한다. 연기금의 규모를 키우면 더 많은 기금은 다시 투자자본으로 활용된다. 그런데 문제는 금융시장의 자산투자로 적어도 30년 이상 고수익을 유지할 수 있는지에 대해 아무도 알 수 없다는 점이다. 이들이 주장하는 '안정'은 아무도 장담할 수 없는 시장에 달려 있는데, '재정안정'이라는 말로 미래 재정의 문제를 해결할 수 있는 것처럼 설명한다. 재정중심론자들은 연기금이 소진되는 미래만 중요하지, 미래로 가는 경로에는 관심이 없어 보인다.

연기금으로 적립된 재원은 보험료로 모은 적립금과 이를 운용한 수익금으로 형성된 공유자산이다. 풍족한 공유자산을 기반으로 제도 운영의 위기를 헤쳐 나갈 수 있다면 연기금에 대한 시각을 달리할 수 있다. 그러나 기금을 모으는 데에만 집중하면서 정작 노후생활을 보장받아야 하는 노인들은 빈곤에서 벗어나지 못한다면, 이것은 모순이다. 재정중심론은 현재 빈곤노인 문제를 기초연금으로 해결할 수 있는 것처럼 소홀히 다룬다. 국민연금은 노후소득보장이라는 제 역할을 하기도 전에 위기에 휩싸였고, 국민연금으로 노후소득보장 기능이 담보되지 않는다면 기초연금의 부담은 더욱 커질 수밖에 없다. 그러므로 '적립금 쌓기'의 관점에서 벗어나야 한다. 재정안정은 기금을 통해서가 아니라 사람에 의해 만들어진다. 돈만으로 계산한다면 국가가 감당할 수 있는 수준인가를 얘기해야 한다. '수입과 지출의 균형'이라는 관점에서 제한된 재정안정이 아니라, 사회의 지속가능성을 통한 국민연금의 제도적 기반을 원활하게 만들어 낼 궁리가 필요하다. 향후 70년간의 국민연금 운영에 대한 추계는 그야말로 예측에 지나지 않는다. 수익률 중심의 금융투자로 안정성을 담보할 수 있는 사람도, 그리고 시장도 없다. 먼 미래의 예측으로 불안을 조성하기보다는 추계를 참고로 현재와 근미래의 문제를 차근차근 조정해 나가야 한다.

심각한 노인빈곤율과 연기금 1000조

*

국민연금기금을 운용하는 국민연금기금운용본부는 2023년 10월 말 기준, 적립금 규모를 968조 원으로 공시했다. 그러나 당해 연도 기금운용 수익금이 100조 원을 넘기면서 2023년 말 기준 국민연금기금 규모는 1000조를 넘겼다고 볼 수 있다(한국일보, 2024.1.5). 그렇다면 국민연금기금이 이렇게 많이 쌓여 있다는 것은 국민에게 좋은 일일까? 기금이 많이 쌓였다면 풍족한 노후자금을 지급할 수 있는 것 아닌가? 연기금은 많은데, 왜 한국은 OECD 국가 중 노인빈곤율이 가장 심각한 것일까?

OECD는 2년에 한 번씩 OECD 회원국의 연금제도와 그 효과 등을 비교할 수 있는 다양한 지표가 포함된 *OECD Pensions at a Glance*를 발간한다. 한국에서는 「한눈에 보는 OECD 연금」으로 소개되고 있다. 이 보고서는 각국의 노후소득보장 정도와 노인빈곤율 등을 비교하고 있는데, 한국에서도 공적연금의 비교 지표로 가장 많이 인용된다. 2022년부터 2023년 사이 진행된 제5차 재정계산 당시 활용했던 자료는 2021년 보고서였고, 2023년 말 *Pension at Glance 2023*이 발표됐다.

이 자료에 따르면, OECD 평균 65세 이상 노인 중 14.2%가 상대적 소득빈곤층으로 파악되었다. 여기서 말하는 상대적 소득빈곤의 기준은 국가 중위 균등화 가구의 가처분소득 절반 이하를 말한다.[24] 이 기준을 적용한 한국 노인의 상대빈곤율은 40.4%로 2021년에 이어 또다시 최고치를 기록했다(OECD, 2023: 198). 〈표3〉에서 알 수 있듯이 한국은 OECD 평균 노인빈곤율보다 2.8배 이상 높다. 공적연금을 통해 노후소득보장제도를 운영해 온 국가들의 빈곤율은 대체로 OECD 평균보다 낮다.

*

참으로 이상하지 않은가? 우리는 노후소득보장을 위해 1000조 원 이상의 기금을 적립하고 있지만, 이 기금을 투입해서 당장 노인빈곤율을 낮추지 못하고 있다. 그 이유는 국민연금이 완전적립방식도 완전부과방식도 아닌 부분적립방식Partially funded을 적용하고 있기 때문이다. 부분적립방식은 일정 수준의 준비금을 보유하면서 부과방식을 근간으로 제도를 운영한다. 그러므로 적립금 수준을 어느 정도로 유지할 것인가는 사회적인 논쟁의 대상이 된다. 한국과 같이 부분적립방식으로 연금재정을 운영

---

24 한국에서 사용하고 있는 기준 중위소득은 '국민 가구소득의 중위값'으로 가계동향조사 자료를 활용해서 해마다 발표하고 있다. 1인 가구 기준 최근 연도 기준 중위소득은 2021년 1,827,831원, 2022년 1,944,812원, 2023년 2,077,892원이다.

	노년(65세 이상) 소득빈곤율					전체인구 소득빈곤율
	전체노년 소득빈곤율	연령별		성별		
		66세-75세	75세 이상	남성	여성	
호주	22.6	19.7	27.0	18.2	26.6	12.6
오스트리아	10.6	9.6	12.0	7.3	13.2	9.6
벨기에	8.6	5.9	12.2	7.3	9.8	7.3
캐나다	12.1	11.0	13.9	9.2	14.6	8.6
칠레	17.6	17.7	17.4	17.6	17.5	16.5
콜롬비아						
코스타리카	22.4	21.4	24.0	22.8	22.1	20.3
체코	5.1	4.9	5.5	2.3	7.2	5.3
덴마크	4.3	2.8	6.3	3.2	5.2	6.5
에스토니아	34.6	27.6	43.0	20.8	41.8	15.8
핀란드	6.3	4.9	8.3	4.5	7.7	6.7
프랑스	4.4	4.0	4.9	3.3	5.2	8.4
독일	11.0	12.1	9.8	8.6	12.7	10.9
그리스	9.3	8.8	10.0	7.0	11.2	13.0
헝가리	6.1	6.9	4.6	4.4	7.1	8.7
아이슬란드	3.1	4.0	1.1	4.5	1.7	4.9
아일랜드	14.7	12.4	18.1	11.2	17.8	7.7
이스라엘	17.0	15.2	20.1	14.3	19.3	16.9
이탈리아	10.3	10.3	10.4	7.7	12.4	13.5
일본	20.0	16.4	23.9	16.4	22.8	15.7
한국	40.4	31.4	52.0	34.0	45.3	15.3
라트비아	32.2	24.7	42.3	19.0	38.6	16.0
리투아니아	27.0	25.7	28.4	13.9	33.8	14.1
룩셈부르크	5.2	4.9	5.7	4.9	5.4	9.8
멕시코	19.8	18.2	22.3	18.9	20.4	16.6
네덜란드	6.5	4.4	9.7	6.1	6.9	8.5
뉴질랜드	16.8	14.3	20.9	13.2	20.1	12.4
노르웨이	3.8	2.7	5.4	2.3	5.1	7.9
폴란드	13.2	13.7	12.3	7.6	16.8	9.1
포르투갈	13.8	12.5	15.2	10.4	16.2	12.8
슬로바키아	6.6	6.2	7.6	4.4	8.2	7.8
슬로베니아	10.7	10.2	11.6	7.1	13.4	7.0
스페인	11.3	9.9	12.8	10.1	12.2	15.4
스웨덴	11.1	8.3	14.5	7.2	14.5	9.2
스위스	18.8	16.1	22.1	16.9	20.6	9.9
튀르키에	13.7	11.9	17.0	12.1	15.0	15.0
영국	13.1	11.0	16.0	11.1	14.9	11.2
미국	22.8	20.1	27.2	19.8	25.3	15.1
OECD	14.2	12.5	16.6	11.1	16.5	11.4

표3 연령, 성별에 따른 소득빈곤율 (2020년 기준 또는 가능한 가장 최근 연도)

하는 국가는 스웨덴, 일본, 미국, 캐나다가 있다. 그중 GDP 대비 연기금 규모가 가장 큰 국가는 바로 한국이다. 2020년 기준으로 GDP 대비 공적연금기금의 규모가 한국은 45.1%, 스웨덴 25.6%, 일본 33.0%, 미국 13.5%, 캐나다 25.6%로 경제 규모 대비 기금의 규모가 한국이 압도적으로 크다. 그런데 이렇게 많은 돈을 연기금으로 적립하면서, 현재의 노인 빈곤 문제를 해결하기 위해 한 푼도 쓰지 않는 이상한 나라가 또한 한국이다.

연기금 1000조 원을 쌓기까지

*

1986년 한국개발연구원KDI은 국민연금에 대한 기본 구상안을 담은 보고서를 제출했다. 이 구상안에 따르면 10% 수준의 보험료율을 유지하는 것이 적합하지만, 당시 경제적 여건을 고려할 때 이 부담률이 가중하므로 2.5% 보험료율로 낮춘다고 되어 있다. 2.5%에서 시작한 보험료율을 점진적으로 인상하는 수정적립방식을 제안하고, 제도가 성숙하고 수급자가 많아지면 유지하기 어려울 것이므로, 궁극적으로는 부과방식으로 이행될 것으로 예상했다(민재성 외, 1986: 168~169). 여기서 수정적립방식은 부분적립방식과 같은 표현으로, 일정 기간 기금을 적립하기로 한 것이다. 이미 인구 고령화가 예측되었고, 미래에 증가할 재정 부담으로 보험료가 인상될 수밖에 없었기 때문에, 보험료 인상 부담을 완화할 목적으로 기금 적립을 고려한 것이다. 이 점에서 국민연금기금은 제도 설계 당시부터 인구 고령화 충격을 완화하기 위한 완충기금으로서의 성격을 띠었다. 즉 적립금 유지 자체가 목표가 아닌, 고령화 비용에 대한 준비금이 되는 것이다.

1988년 국민연금은 상시 노동자 10인 이상 사업장을 시작으로 보험료를 거두기 시작했다. 초기 보험료 수입은 지출 없이 1992년까지 적립되다가 5년 동안의 기여이력이 있는 가입자에게 수급권이 제공되어 1993년 1월부터 '특례노령연금'이 지급되면서 지출이 발생하기 시작하였다. 그 이후 가입자 확대를 위한 정책이 꾸준히 추진되면서 농어촌, 도시 자영업자 그리고 2006년에 이르러 1인 이상 사업장 전체까지 확대하면서 경제활동인구에 대한 포괄성을 높였다. 지출 부분 역시 조금씩 확대되었지만, 증가하는 가입자 대비 수급자 규모는 미미해서 지출액보다는 적립액이 많았다.

국민연금기금은 1988년 5279억 원이었던 것이 2003년 100조 원, 그후 20년 만에 10배에 이르는 1000조 원을 달성했다. 그사이 적립된 기금은 다양한 방식으로 운용되었다. 우선 1993년 말 '공공자금관리기금법'이 제정되면서 국민의 노후소득보장을 위해 적립한 기금을 국가가 강제로 빌릴 수 있게 되었다. 정부는 연기금을 공공자금관리기금법을 통해 매우 합법적으로 빌렸지만, 제대로 갚지 않거나 이자 비용을 내지 않는 등 다양한 문제점이 드러났다. 이에 1997년 헌법재판소에 해당 법률의 위헌 여부를 제청하였고, 이를 추진했던 시민단체와 노동계의 노력으로 기금운용 문제가 처음으로 수면 위로 떠올랐다.

헌법재판소는 이에 대해 위헌이 아니라고 판결했지만, 1997년 경제위기로 외자를 빌려준 국제통화기금IMF(이하 IMF)에서 이 법안의 폐지를 주문하였다. 시장 논리를 주문하는 IMF의 시각에서 공공자금관리기금법은 전형적인 관치금융의 상징이었고, 전 세계 금융시장화를 주도했던 신자유주의 세력들에게 연기금은 세계 금융시장으로 나와야 할 돈으로 여겨졌다. 이러한 IMF 요청 등으로 말미암아 김대중 정부는 국민연금기금의 강제 예탁을 단계적으로 폐지했다.

연기금이 적립되면서 초기에 모든 기금은 국내 채권과 공공 부분에만 투자되었지만, 1990년을 기점으로 국내 주식까지 포괄하는 것으로 투자 양상이 변화했다. IMF의 권고 이후 1999년 기금운용본부가 설치되었고, 국민연금기금 정책을 결정하는 최고 심의기구인 '국민연금기금운용위원회'가 개편되면서 금융투자가 본격화되었다. 신자유주의적 금융화가 국민연금기금 운용에도 영향을 미치면서, 연기금은 노후소득을 위한 자금이라는 꼬리표를 달고서 국내외 금융시장에서 시드머니로 출발해 큰 손으로 성장하였다. 그러나 연기금은 현재 노후빈곤에 투입되지 못하고 있을 뿐만 아니라, 초저출생 문제를 해결하기 위한 사회적 투자에도 사용되지 못하고 있다. 공적연금의 운영원리는 생산 세대에 있는 사람들의 소득을 퇴직 세대에게 이전하는 것으로, 국가적 차원에서 보면 GDP의 분배로 볼 수 있다. 그런데 GDP의 45% 이상에 해당하는 거대한 연기금을 두고도, 미래에 고갈될 것만을 우려하면서 현재 문제에 대해 외면하고 있다.

두 번의 연금개혁과 재정계산의 여파

*

국민연금개혁은 이제까지 1998년과 2007년 두 차례에 걸쳐 이루어졌고, 총 다섯 번의 재정계산이 시행되었다. 여기서는 국민연금개혁의 의미와 한계 그리고 제1차부터 5차까지의 재정계산의 주요 결과 및 제안 내용을 보다 구체적으로 살펴본다. 이를 통해서 국민연금이 겪은 파란이 오늘날 노후소득보장에 미치는 영향을 알아보고, 국민연금제도에 대한 국가의 책임 정도를 판단해보도록 하자.

재정계산 시행 이전이었던 1998년, 국민연금제도 시행 10년 만에 정부 주도로 국민연금에 대한 거대한 제도개혁이 단행된다. 가장 큰 문제는 3%의 보험료율로 70%의 보장성을 담보하는 제도를 국가가 유지할 수 없다는 것이었다. 예를 들어 소득이 300만 원인 가입자가 40년 동안 매월 9만 원씩 보험료를 기여하면, 국민연금 급여로 210만 원을 죽을 때까지 보장받는 환상적인 제도가 당시의 국민연금 설계였다. 이것을 보험수리적으로 계산하면, 급여 개시 1년 7개월이면 가입자의 기여금 총액과 연금 급여 총액이 거의 같아지고, 1년 8개월째부터는 다른 재원으로 보장해줘야 한다. 문제는 기대수명이 점점 길어지고 있고, 앞으로 연금급여를 받게 될 수급자가 기하급수적으로 증가할 수 있는데, 이를 대비할 수 있는 재정적 기반이 전혀 마련되어 있지 않다는 것이었다. 새로운 제도 도입을 위해 낮은 보험료율과 큰 혜택을 적용하는 기간은 10년 정도밖에 유지될 수 없었다.

국민연금 1차 제도개혁의 결과, 소득대체율은 70%에서 60%로 하향 조정되었고(2007년 2차 제도개혁으로 소득대체율은 2028년까지 40%로 하향 중), 보험료율은 상향 조정되었다. 보험료율 상향은 사업장의 경우, 퇴직금 전환금 납부를 폐지하면서 사용자와 노동자가 각각 4.5%를 부담하여 9%로 전환하는 방식으로 이루어졌다. 지역가입자에겐 2009년 7월까지 보험료율을 3%에서 9%까지 인상하도록 했다. 또한 평균수명의 연장을 내세워 수급 나이를 60세에서 2013년부터 5년마다 1세씩 연장하고

구분	최대 적립금	수지적자* 예상 연도	적립금 보유 기간	위원회 제안	비고
제1차 2003년	2035년 (1715조)	2036년	2047년 (△96)	(1안) 보험료율 19.85%, 소득대체율 60%, (2안) 보험료율 15.85%, 소득대체율 50%, (3안) 보험료율 11.85%, 소득대체율 40%	2007년 제2차 연금 개혁 영향
제2차 2008년	2043년 (2465조)	2044년	2060년 (△214)	추가적인 재정안정화 방안 제3차 재정계산 시 검토하기로 결정	2010년대 세계은행 은 연금개혁 모델이 실패했음을 인정함
제3차 2013년	2043년 (2561조)	2044년	2060년 (△281)	(1안) 부분적립방식 유지하되 보 험료율 상향 조정 (2안) 부과방식으로 연착륙 및 대 안적 재정안정화 방안 모색	2014년 7월 기초연금 시행
제4차 2018년	2041년 (1778조)	2042년	2057년 (△214)	(가안) 소득대체율 45%, 보험료 율 2% 포인트 인상, 향후 5년마다 이후 30년 후 적 립배율 1배 달성을 위한 단계적 보험료율 18%까 지 인상 (나안) 소득대체율 40%, 10년 내 단계적으로 보험료율 13.5%, 2029년 이후 수급 개시연령 상향, 기대여명 계수 도입, 보험료 추가 인 상 등 실시	2018~2019년 경제사 회노동위원회 연금개 혁특별위원회에서 노 동계와 시민사회 보장 성 45%, 보험료 12% 합의했지만, 정부는 그 어떤 개혁도 시도 하지 않음
제5차 2023년	2041년 (1755조)	2041년	2055년 (△265)	보험료율 12%, 15%, 18% 인상 과 수급개시연령 65세와 68세, 기금수익률 4.5%, 5%, 5.5%의 총 8가지의 변수(3×2×3)를 조합 한 18가지 시나리오 제시	재정계산위원회 활동 뿐만 아니라 국회 차 원의 연금개혁특별위 원회, 정부 차원의 연 금수리위원회와 미래 자문위원회 등 정부 주도의 위원회 활동 증가

표4 국민연금 재정계산 제1차~제5차 주요 결과와 위원회 제안 (단위: 조 원)

* 제2차 제도개혁의 결과 소득대체율을 2008년 60%에서 50%로 인하한 이후, 2028년까지 20년
동안 단계적으로 40%까지 하향 조정하기로 하였다.

2033년에 65세가 되도록 상향하였다. 그리고 연금재정의 불균형을 방지하기 위한 목적으로 국민연금 재정계산을 5년마다 시행할 근거를 마련하였다.

이 모든 개혁은 '재정안정화' 조치로 분류되면서, 국민연금개혁에서 재정을 중심에 두기 시작한 근원이 되었다. 적절성과 지속가능성의 관점에서 보면 보장 수준에 비해 낮은 사회적 기여는 제도의 유지를 위해 조정되는 것이 필요하다. 문제는 이러한 개혁의 관점이 노후소득보장의 적정성보다는 '재정안정'으로 치중되면서, 사회의 뿌리가 되는 제도를 시장의 눈으로 바라보는 태도가 고착화됐다는 점에 있었다. 미래의 특정 시점에서 불안정해질 재정 상태만을 내세워 현재의 노후빈곤에 대해서는 양보해야 하는 것을 미덕으로 여기기 시작했다. 또한 국민연금 1차 제도개혁의 파란으로 소위 '재정안정'을 중심에 둔 재정계산이 주기적으로 열리게된다.

재정계산 시기마다 발표되는 대표적인 세 가지 항목이 있다. 국민연금기금은 급여를 지급하고 남은 여유자금을 적립하고 있다. 이 적립기금이 최대로 쌓이는 시점과 규모, 그리고 총수입보다 총지출이 더 많아지는 수지적자 발생 예상 연도와 그에 따른 적립금 보유 기간이 발표된다. 언론은 지난 20년 동안 세 가지 항목 중 마지막 항목인 적립금 보유 기간에

---

25 국민연금기금이 모두 사용된 상태를 두고 언론은 '고갈'이란 단어를 선택해 왔다. 고갈의 사전적 의미는 '물자나 자금 등이 매우 귀해져서 달리게 되거나 없어지는 상태'이다. 그러므로 국민연금기금의 상태를 표현하는 단어로는 적합하지 않은데, 정서적인 면을 자극하기 위해 사용되고 있다. 국민연금기금을 모두 사용해서 사라지게 된 상태에 해당하는 단어는 '소진'이 적합하다. 이에 고갈이 아닌 소진이란 단어를 사용할 것을 권장한다.

대해 '연기금 고갈'[25] 연도로 대서특필해 왔다. 국민연금은 제도 설계상 원초적으로 기금이 소진될 수밖에 없는 구조이고, 계속 강조해 왔듯이 적립금 유무와 제도의 지속성은 직접적인 상관관계가 없다. 그런데도 언론이 오로지 연기금 소진 연도에만 꽂혀 있는 이유는 국민연금의 제도적 측면보다는 연기금의 규모만을 중시하는 국가의 태도에서 비롯된다.

재정계산이 국민연금제도에 남긴 것

*

재정계산이 시행될 때, 추계 기간 70년 동안 현행 제도를 유지할 경우, 이 기간 안에 언제 적립기금이 소진될 것인지가 가장 중요하게 계산된다. 이를 바탕으로 기금이 소진되는 것을 막을 방안으로 목표 적립배율[26]에 따른 급여수준, 보험료율, 급여수령연령 등에 대한 조정이 위원회의 제안으로 제출된다. 국민연금제도에는 여러 문제가 산재해 있지만, 재정계산을 거치고 나면 오로지 적립금의 규모와 보유 기간만이 문제로 남는다. 그 결과 두 차례의 국민연금 개혁을 통해 보장성은 소득대체율 70%에서 40%로 급격하게 축소되었다. 더욱이 적립금 규모와 소진 시기를 늦추는 것을 마치 '재정안정화'를 위한 가장 중요한 과제처럼 취급하게 되었다. OECD 국가 중 노인빈곤율이 가장 높은 국가이지만, 국민연금을 통한 노후빈곤 예방이란 제도 본연의 목표는 길을 잃고 말았다. 국민연금을 사회 구성원 전체가 참여해서 운영하는 이유는 적립금을 쌓아두기 위함이 아

26 국민연금에서 적립배율Fund Ratio이란 당해 연도 국민연금 급여 및 관리운영비를 포함한 지출총액 대비 기금 규모를 말한다. 예를 들어 적립배율이 1이라는 것은 1년 동안 국민연금 사업으로 지출한 총액만큼 기금 적립금도 쌓였다는 의미이다.

니라, 노후소득보장을 통해 퇴직 후 맞을 수 있는 가난한 생활에서 벗어나기 위함이다. 국가가 제도 본연의 목표를 되찾기 위한 노력을 보이지 않는다면, 소득과 자산 규모에 따라 개인의 선택지는 매우 차별화될 수밖에 없다. 사회구성원 다수가 직면하는 노후빈곤의 위험을 개인의 지불능력과 투자능력으로 대처하라는 국가의 무언의 태도는 결국 사람들을 노후소득을 벌기 위해 시장으로 몰아넣는 것에 지나지 않는다. 그러나 시장은 언제나 그랬듯이 그 어떤 확답을 보장하지 않으며, 자본에게 이윤이 되는 것 외에는 별다른 관심이 없다.

국민연금은 사연금처럼 적립금으로 운영될 필요가 없음에도 불구하고, 제도의 지속가능성을 위해 실시한 재정계산으로 인해 적립금 유지가 곧 제도의 목표인 것처럼 굳어져 버렸다. 많은 전문가들은 목표 적립배율이 마치 재정안정화를 위한 중대한 목표인 것처럼 취급하고 있다. 2023년 11월 말 기준, 적립기금은 999조 원으로 2023년 당기 지출총액 약 36조 원의 27.8배에 달한다. 문제는 고령화가 심화되고 수급자가 증가하는 시점에 적립금은 연금급여 지급을 위해 사용되므로, 자연스럽게 소진될 수밖에 없다는 점에 있다. 수명연장과 인구구조 변화에 따른 구조적인 문제에 대해 재정중심론에서는 오로지 적립금 유지로 이 문제를 해결할 수 있다며 국민연금의 목표 상실에 기여해 왔다. 이들의 관점에서 소득보장 강화는 재정안정화에 독이 되므로, 국민연금의 제도적 목표를 노후소득보장보다는 적립금 축적을 통한 미래 재정 담보로 전환시키고자 했다. 이것이 국민연금이 재정계산을 거치면서 겪어 온 파란의 결과이다.

제1차부터 제5차 재정계산 추계 연도 기준으로 기금 소진이 예상되는 연도까지 남은 기간은 각각 44년(2003년 기준), 52년(2008년 기준), 47년

(2013년 기준), 39년(2018년 기준), 32년(2023년 기준)이다. 제2차 제도개혁의 영향으로 제2차 재정계산 결과에서만 다소 긴 기간이 추계되었고, 제3차부터 차츰 기금 소진이 예상되는 연도가 단축되는 경향이 있다. 우리가 주목해서 해결해야 할 과제는 보장성 축소를 통한 소진 시기 연장이 아니라, 초저출생과 초고령화에 따른 인구구조의 변화로부터 비롯된다. 즉 급격하게 재정지출이 증가하고, 재정수입은 축소될 수밖에 없는 현실에 기민하게 대응해야 하는 것이다. 이러한 변화를 앞두고 마치 기금 소진만 막으면 된다는 식으로 목소리를 높이는 것은 현실을 외면하는 술책에 불과하다.

그 이유는 첫째, 소득대체율 인상을 위한 개혁 조치가 없다면 장기적인 제도로서 국민연금의 기능은 마비될 것이고, 둘째, 보험료율 인상을 통해 기금 소진을 지연시키는 방법은 보험료율이 일정 수준을 넘는 순간 사회적 합의를 도출하기 매우 힘들어진다. 자본 측도, 그리고 노동자와 지역 가입자 측도 소득의 어느 수준까지 부담할 수 있는지에 대해 결정해야 하는 거대한 도전이 남아 있다. 더욱이 한국 정부는 의료 및 연금 관련 재정을 사회보험료 재정으로만 부담 지우려는 경로의존성이 매우 강하다. 그렇다면 국민연금뿐만 아니라 건강보험에서도 보험료율 인상은 정부가 쉽게 꺼내 들 수 있는 수단이 될 것이고, 이러한 부담을 가입자들이 고스란히 떠안는 것은 어려운 일이다. 셋째, 향후 대략 20년간은 2000조 원 내외의 적립금이 있겠지만, 이 기금은 수익률 창출을 위해 금융시장에서만 운용될 것이다. 이 기금은 미래의 급여 지급을 위해 수익을 창출한다는 목적으로 투자되고 있는데, 그사이 노인빈곤 문제는 더 심화하고 있다. 인구구조의 변화에 대응하는 투자는 일체 하지 않으면서, 오히려 이

기금을 더 쌓아야 한다고 주장하는 것은 전혀 설득력이 없다. 곳간에 재물이 넘쳐나도 후대를 위해 더 많은 재물을 쌓아야 하기 때문에 지금은 고통을 감내하라는 주장은 오늘을 살아가는 이들에게 공염불처럼 들릴 것이다. 이러한 국가의 태도는 초저출생을 극복하는 방향이 아니라, 더더욱 출산을 꺼리는 환경을 조성할 가능성이 크다.

미래 재정의 중요성만이 부각되면서 국민연금이 겪은 파란은 노후소득보장이라는 공적연금 본연의 기능을 현저히 약화시켰다. 더욱이 미래 재정이 연금개혁의 중심 의제로 다뤄지면서 국민연금의 청년기에 해소됐어야 할 문제점들이 수면 아래로 깊이 침전했다. 그중에서도 국가가 국민연금을 '전국민연금'으로 표방했음에도 불구하고 제도 안으로 적극적으로 품지 못한 이들의 문제를 살펴볼 필요가 있다. 왜냐하면 이들은 제도의 적용과 연금급여의 혜택이란 두 가지 측면 모두에서 배제되고 있기 때문이다. 국민연금제도의 사각지대를 살펴보는 것은 국민연금이 사회 깊숙이 뿌리내리기 위해 반드시 거쳐야 할 과정이다. 늦은 감은 있지만, 사각지대의 문제를 해결하는 것은 제도의 성숙을 위해 반드시 필요하다.

갈림길에 선 국민연금, 진짜 '전국민연금' 으로 가는 길

4

전국민연금을 위해 국가와 사회가 우선적으로 해야 할 일은
불안정노동자들이 국민연금제도 안에 머물 수 있게
법 제도를 정비하는 것이다.

일하는 모든 사람의 국민연금 가입은 국민연금이 노후소득보장제도로서 제 역할을 하는 바탕이다. 지난 십여 년 동안 국민연금의 대상 포괄 문제는 크게 개선되었지만, 여전히 갈 길이 멀고 새롭게 제기되는 도전은 거세다. 이 장에서는 국민연금이 모든 일하는 사람의 노후소득을 보장해야 하는 본질적 이유를 먼저 설명하고, 이어서 국민연금 가입과 배제의 현실을 평가해본다. 특히 불안정노동자와 그중 한 형태로 최근 크게 증가하고 있는 특수고용형태 노동자의 국민연금 가입 문제를 구분해서 살펴본다. 이들의 국민연금 가입 문제를 해결하는 중심에는 국민연금 가입에 대한 사회적 책임, 특히 사용자 책임의 회복이란 과제가 있다. 이를 위해 국가는 가입체계 정비, 재정 지원, 신뢰 회복 등의 다양한 노력을 기울일 의무가 있다.

국민연금 가치 선언

1 일하는 모든 이의 국민연금이어야 하는 이유

은퇴의 제도화와 노후소득보장에 대한 사회적 책임 형성

*

수공업 중심의 생산체제와 달리 공장제가 산업사회에 널리 퍼지면서 노년기에 이른 노동자들이 작업장에서 퇴출되기 시작했고, 그로 인해 다수가 노후빈곤에 처하게 되었다. 공적연금은 이러한 쓰라린 역사적 경험을 배경으로 산업사회에서 확산된 노동자의 노후빈곤을 막기 위해 도입되었다. 그런 의미에서 약간의 시차는 있지만, 산업사회에서 은퇴라는 제도가 만들어진 것과 공적연금제도의 도입은 궤를 같이한다.

은퇴를 제도화함으로써 작업 속도가 느리고 기술변화에 잘 적응하지 못하는 노동자를 체계적으로 내보낼 수 있게 되면서 공장주들은 비용 절감 효과를 톡톡히 봤다. 반면에 작업장 바깥으로 내몰린 나이 든 노동자들은 극심한 빈곤에 시달렸다. 최저임금제조차 없는 초기 산업사회에서 임금은 최소한 먹고 살 정도에 불과하여 노동자 개인이 저축이나 개인보험에 가입할 여력이 없었다. 게다가 노년기에 닥쳐오는 질병과 장애는 노동자의 노후를 더욱 비참하게 만들었다. 산업사회에서 노인은 점점 빈곤하고 취약한 사람들이 되어 갔다.

문제는 생애 후반기에 으레 빈곤을 겪는 사회에서는 일하고 가족을 이루고 아이를 낳으며 행복을 꿈꾸는 일이 쉽지 않다는 것이다. 노인빈곤이 극심한 한국 사회의 초저출생 현상이 보여주는 것처럼 노동력 재생산이 원활하게 이루어지지 않는다. 게다가 주기적으로 경제불황이 닥치면 이미 가난한 데다 노동력까지 없는 노인들은 더욱더 기댈 곳이 없어진다.

공적연금이란 노후소득보장제도는 이런 의미에서 사회를 유지하는 기능을 한다. 공적연금은 연금을 보장받는 노동자뿐만 아니라 은퇴제도와 사회 유지를 통해 이득을 누리는 고용주와 국가가 재정의 상당 부분을 부담하는 제도로 등장하였다. 조세를 통해 보장하는 공적연금은 물론이고 보험료 기여를 통해 노후소득을 보장받을 권리를 획득하는 사회보험방식 공적연금에서도 이는 마찬가지였다. 공적연금은 어떠한 형태를 띠든 일하는 사람의 노후소득보장에 대한 책임을 개인이 홀로 지지 않게 해준다. 노후소득보장 책임을 가입자와 고용주, 그리고 국가가 함께 지는 것이다. 공적연금제도는 이렇게 100여 년이 넘게 운영되어 왔다.

'전국민연금'의 의미와 목적

*

공적연금이 노후빈곤에 대응하는 역할을 제대로 하려면 일하는 모든 사람을 가입 대상으로 포괄해야 한다. 우리나라 국민연금법에서 국민연금제도의 목적은 '국민의 노령, 장애 또는 사망에 대하여 연금급여를 실시함으로써 국민 생활 안정과 복지에 이바지하는 것'이라고 명시되어 있다. 대한민국 국민이라면 제도의 목적에 따라 노령, 장애 또는 사망이라는 사회적 위험으로부터 소득을 보장받을 수 있어야 한다. 물론 공적연금의 원리상 제도를 유지하기 위해서는 가능한 한 일하는 모든 사람이 기여해서 부양 책임을 가능한 한 넓게 분산시키는 것이 필요하다.

국민연금의 '전국민연금'이라는 지향은 선언에 그치지 않았고, 제도의 내용 변화도 가져왔다. 국민연금은 가입 대상을 1995년에는 농어민, 1999년에는 도시지역 자영업자로 확대하면서 '전국민연금'을 표방하였고, 2006년에는 1인 이상 노동자를 사용하는 사업장까지 포괄하면서 명실상부 전국민연금의 외형을 갖췄다. 국민연금제도는 형태상 노동자를 비롯하여 농어업인, 자영업자 등 일하는 사람 모두의 연금이 된 것이다. 이에 따라 국민연금은 일하는 사람이 은퇴 이후 연금을 받을 수 있는 가장 광범위한 보장제도로 자리 잡았다. 가입 대상의 확대와 함께 가입률도 함께 증가하였다.

그런데도 일하는 사람 모두가 국민연금 수급권을 확보하고 있지 못한 것도 사실이다. 국민연금제도는 보험료 납부이력을 바탕으로 수급권이 발생하는 제도로 보험료 납부이력 10년을 채워야 매달 정기적으로 연금급여를 받을 수 있다. 가입이력을 충분히 채우지 못하는 경우에는 국민연금을 받지 못하거나 연금이 소액에 머무르게 된다. 다양한 형태의 불안정노동자, 프리랜서, 자영업자 등이 이러한 상태에 처해 있다. 특히 '일'의 형태와 고용관계를 맺는 방식이 빠르게 변하는 가운데 국민연금은 이런 변화에 잘 대응하고 있지 못하다. 산재보험과 고용보험 등 다른 사회보험의 대응에 비해서도 유독 발걸음이 무겁고 느리다.

이것이 우리가 국민연금제도의 사각지대 문제를 심층적으로 파헤쳐봐야 하는 이유이다. 이제까지 대상 포괄과 관련하여 국민연금제도가 거둔 성과뿐만 아니라 '노동'의 변화에 대한 우리 사회의 대응이 얼마나 미흡했는지를 살펴볼 필요가 있다.

2 국민연금 사각지대 톺아보기

국민연금 가입 유형:
일하는 사람 모두를 포괄하는 방식인가?

*

국민연금이 일하는 사람 모두를 제대로 포괄하지 못하는 이유는 다양한 측면에서 제기된다. 국민연금 당연적용 가입 대상을 제대로 설정하지 못하는 법 제도 측면, 노동시장 구조 측면, 국민연금공단의 관리 미흡 등의 행정적 측면, 가입자의 저소득이나 제도 불신 등의 가입자 측면, 급여 수준이 낮아 가입 유인 효과가 낮은 측면 등이 대표적인 것들이다. 류재린 (2020: 34~38) 역시 국민연금 가입에 사각지대가 존재하는 원인을 선진국에 비해 낮은 경제활동참가율, 높은 자영업 비율,[27] 저조한 소득파악율, 노동시장 구조의 변화, 중고령 임금노동자의 고용불안정, 지역가입자의 높은 보험료 부담 때문이라고 보았다. 우리 사회의 일의 형태와 국민연금 제도의 특성을 주요 원인으로 지목한 것이다. 이 글에서는 국민연금의 사각지대 발생 원인을 법 제도 측면과 노동시장 구조 변화의 측면에서 살펴보고자 한다.

국민연금에 사각지대가 발생하는 이유를 알기 위해서는 국민연금제도가 가입 대상을 설정하고 분류하는 방식을 이해할 필요가 있다. 국민연금이 어떻게 일하는 사람을 제도 안으로 포괄하는지, 즉 국민연금의 가입

---

27 2018년 기준 경제활동참가율 비율은 OECD 평균 72.4%, G7 74.9%이지만, 한국은 69.3%로 낮다. 자영업 비율은 OECD 평균 15.5%에 비해 한국은 25.1%로 매우 높을 뿐만 아니라, 고용원 없는 자영업자의 비율이 전체의 약 72.9%에 달한다. 이는 한국 노동시장의 특징이다.

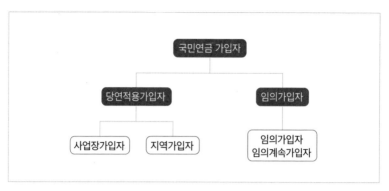

그림3   국민연금 가입 유형 분류

유형에 대해 살펴보자.

국민연금 가입자는 근로계약을 맺는 사업장을 중심으로 한 사업장가입자와 사업장가입자가 아닌 18세 이상 60세 미만의 지역가입자로 크게 구분된다. 사업장가입자란 사업의 종류, 노동자의 규모 등이 고려되어 당연히 적용되는 당연적용사업장에서 일하는 사람이며, 이외의 사람들은 몇 가지 제외사항[28]에 해당하면 적용제외자가 되고, 나머지는 지역가입자가 된다. 그리고 임의가입자와 임의계속가입자가 가입 유형에 추가된다. 임의가입자는 사업장가입자와 지역가입자가 될 수 없는 사람이 60세 이전에 본인이 희망하여 국민연금에 가입하는 경우이다. 2010년대 소득이 없는 주부들이 노후소득보장제도 중 국민연금의 보장성이 가장 우수하다는 민간재테크 컨설팅의 상담을 받고 임의가입자로 가입하여 그 수가 증가하기도 했다(아시아경제, 2010.7.12; KBS뉴스, 2015.4.9; 한국일보, 2016.3.17). 임의계속가입자는 국민연금 보험료를 납부했던 가입자 또는 가입자였던 사람으로 납부상한연령(2023년 기준 59세)이 지났지만 가입기간이 부족하여 노령연금으로 받지 못하거나 가입기간을 늘리고 싶은 경우에 임의계속가입을 할 수 있다.

국민연금 사각지대:
넓은 의미와 좁은 의미의 사각지대

*

국민연금 사각지대는 논의 범위에 따라 협의와 광의의 개념으로 구분된다. 협의의 사각지대는 법적 적용범위와 실제 적용범위의 차이에서 발생한다. 당연적용 대상이지만 보험료 납부예외와 보험료 체납 등의 이유로 국민연금에 제대로 보험료를 내고 있지 못한 경우이다(〈표5〉에서 점선으로 묶인 집단). 이 경우에는 국가에서 노동자 지위를 제대로 인정해주지 않는 특수고용형태 노동자, 월 60시간 미만 단시간 노동자 등 다양한 불안정노동자의 미가입이 문제가 된다. 광의의 사각지대 개념에서는 법적 적용제외자인 소득이 없는 배우자나 18세에서 27세 미만의 소득이 없는 사람까지 고려한다. 그러나 공적연금은 경제활동인구가 기여한 재원을 바탕으로 비경제활동인구 중 노령층의 노후소득을 보장하는 제도라는 것을 감

---

28 지역가입자 적용 제외사항은 다음과 같다. 첫째, 이하 항목에 해당하는 ○ 배우자로서 별도의 소득이 없는 자 ○ 공무원연금, 군인연금, 사립학교교직원연금, 별정우체국연금에 적용을 받는 공무원, 군인, 교직원과 별정우체국 직원 ○ 사업장가입자, 지역가입자 및 임의계속가입자 ○ 노령연금 수급권자 및 퇴직연금 등 수급권자. 둘째, 퇴직연금 수급권자. 셋째, 18세 이상 27세 미만인 자로 학생이거나 군 복무 등의 이유로 소득이 없는 자, 단 연금보험료를 납부한 사실이 있는 경우 제외. 넷째, 기초생활수급권자로서 생계급여나 의료급여 수급권자. 다섯째, 1년 이상 행방불명자. 2020년 말 기준 적용제외자는 850만 9000명으로 사유를 보면 27세 미만 30.8%, 기초생활수급자 6.4%, 1년 이상 행불 0.3%, 무소득배우자 62.4%로 집계되었다(유희원·류재린·김혜진·김아람, 2021: 75).

	18~59세 총인구 31,253천 명						
	경제활동인구 22,414천 명						
	비경제활동인구 8,839천 명 (광의의 사각지대)	국민연금 가입자 21,580천 명					특수직역연금 가입자 1,392천 명
		지역가입자 6,898천 명			사업장 가입자 14,320천 명	임의 가입자 362천 명	
		납부예외자 3,098천 명	소득신고자 3,800천 명				
			장기체납자 1,035천 명	보험료 납부자 2,765천 명			
총인구 대비 비율 (%)	28.3	9.9	3.3	8.8	45.8	1.2	4.5
			59.1				
경제활동인구 대비 비율 (%)		13.8	4.6	12.4	63.9	1.6	6.2
			82.5				
국민연금 가입자 대비 비율 (%)		14.3	4.8	12.8	66.4	1.7	
			31.9		66.4	1.7	

표5 국민연금 가입 현황 (2020년 12월 말 기준, 단위: 천 명, %)

* 경제활동인구조사(통계청) 2020년 12월 기준 총인구, 경제활동인구, 비경제활동인구 산출. 8월 조사 자료 기준으로 특수직역연금 가입자 산출. 국민연금 가입자는 국민연금 통계자료이다.
** 국민연금 가입자와 특수직역연금 가입자의 합계가 경제활동인구를 초과할 수 있으며, 이에 따라 가입률의 합계는 100을 초과할 수 있다.

안한다면, 사각지대 문제의 핵심 논의 대상은 협의의 사각지대 개념에서 문제시되는 '납부예외자와 장기체납자'이다.

국민연금에 의무적으로 가입해야 하는 사람은 18세에서 59세까지 총인구 중 비경제활동인구와 공무원과 사립학교교직원 등이 가입된 특수직역연금 가입자를 제외한 2158만 명이다. 이 중 당연적용되는 사업장 가입자는 경제활동인구 대비 63.9%이며, 지역가입자는 30.8%이다. 경제활동인구 중 납부예외자와 장기체납자 비중은 각각 13.8%와 4.6%로

18%를 상회한다. 납부예외자와 장기체납자의 비중을 국민연금 전체 가입자와 대비해 보아도 각각 14.3%, 4.8%로 이들은 역시 대표적인 사각지대를 형성한다. 특히 이들의 비중은 지역가입자의 59.9%에 달하여 보험료 납부자보다 그 비중이 높다. 이에 먼저 납부예외자와 장기체납자 문제를 살펴보도록 하자.

국민연금 사각지대:
납부예외와 장기체납의 의미

*

건강보험과 다르게 국민연금제도는 납부예외가 가능하다. 의무가입 대상자인 사업장가입자와 지역가입자가 사업중단, 실직, 휴직 등의 상황으로 소득중단을 겪게 되면 보험료 기여가 어렵다. 이 경우 연금보험료 납부를 중단할 수 있는 납부예외가 가능하다. 이 기간은 국민연금 가입기간에 포함되지 않기 때문에 연금급여액 산정에 영향을 미친다. 2020년 국민연금공단에 따르면, 납부예외 사유로는 소득활동 중단이 전체의 85.4%(실직 82.1%, 사업중단 3.4%, 휴직 8%)로 가장 크고, 그다음으로 재학 9.9%, 재해 및 생활곤란 등 2.7%, 병역의무 1.0%, 수감수용 0.5%, 주소불명 0.3%로 파악되었다(유희원·류재린·김혜진·김아람, 2021: 75). 이렇게 볼 때 납부예외는 소득중단과 소득자료 미비를 제도적으로 수용하는 것이라 할 수 있다. 납부예외는 한 사람의 전 생애 중 일시적으로 발생하는 소득단절 시기에 예외적으로 허용되는 것으로 봐야 한다. 그러므로 납부예외 기간에 장기간 머무르는 사람에 대해서는 관리가 필요하다.

한편 소득자료가 파악된 소득신고자 중에서 보험료 체납 개월 수가

13개월 이상인 장기체납자 비중은 지역가입자의 약 15%, 전체 국민연금 가입자 기준 4.8%에 이른다. 장기체납자의 체납 기간은 1년 미만 0.6%, 1~3년 미만 41.8%, 3~5년 미만 56.1%, 5~10년 미만 1.8%, 10년 이상 0.2%로 3~5년 미만의 비율이 가장 높았고, 장기체납 평균 지속기간은 33.1개월로 나타났다(유희원·류재린·김혜진·김아람, 2021: 76).

2020년 기준 장기체납사업장의 경우 체납액 규모가 1조 3220억 원으로 전년 대비 5배 가까이 급증했다. 체납사업장 증가는 당시 코로나19 여파에 따른 경기침체의 결과로 체납 문제는 경기상황과 직결되어 있다. 체납사업장의 관리는 3년의 소멸시효가 있고 사업주가 파산, 사망, 행방불명에 처하면 역시 관리가 종결된다. 2017년부터 2021년 6월 말까지 총 9만 7000개소의 사업장이 관리 종결되었다.

건강보험과 국민연금의 보험료 체납을 조사한 결과, 2022년 8월 기준 건강보험료는 내지만 국민연금은 체납하는 경우가 전체의 98.4%로 압도적이었다. 건강보험의 경우 6개월 이상 보험료를 체납하면 의료기관 이용을 제한받을 수 있고, 의료라는 행위가 일상적 필요를 충족시키는 것과 직결되어 있어 체납률이 낮다. 국민연금은 체납에 따른 불이익이 당장은 없지만 연금수급권에 영향을 미치는데, 이는 먼 훗날의 일이므로 당장 드러나지 않아 더 쉽게 선택하는 경향이 있다.[29] 이렇게 보면, 국민연금 체납의 원인을 소득 불충분만으로 설명하기는 어렵다. 문제는 체납이 해당 사업체에 종사한 노동자의 수급권에 큰 영향을 미친다는 것이다. 따라서 당연적용사업장의 국민연금 보험료 체납에 대한 관리는 더욱 촘촘하게 이루어져야 한다. 적어도 지급능력이 있는데도 지급을 회피하거나 분명한 사유 없이 지급을 보류하는 사업장에 대한 적극적인 관리를 통해 사업

사회보험		2019년	2020년	2021년	2022년	2023년
국민연금	직장	99.3	99.5	99.8	99.8	99.6
	지역	78.6	80.4	82.3	83.2	86.4
건강보험	직장	99.6	99.7	99.2	99.1	99.7
	지역	99.8	99.1	100.2	102.4	100.0
고용보험		99.5	99.4	99.7	99.7	99.7
산재보험		99.3	99.4	99.7	99.8	99.7

표6 4개 사회보험의 최근 5년 징수율 비교 (단위: %)

장에 고용된 노동자의 수급권을 최대한 보호해야 한다.

〈표6〉의 4개 사회보험제도의 징수율 비교는 국민연금제도의 보험료 장기체납 문제가 여타 사회보험제도와는 다른 국민연금 사각지대의 특수한 문제라는 점을 보여준다.

사회보험 징수율 중 국민연금 지역가입자에 대한 징수율이 유독 낮다. 지난 5년간 해당 징수율 평균은 약 82%였다. 이는 건강보험 지역가입자에 대한 징수율과 상당한 차이를 보인다. 건강보험 지역가입자 징수율은 심지어 지난 3년 동안 100%를 초과했다. 이 차이가 어디서 발생하는지 파악하고, 어떻게 관리할 것인지 대책을 마련하는 국민연금공단의 적극적 조치가 필요하다. 건강보험과 다르게 국민연금은 보험료 납부 의무가

---

29 국민연금과 건강보험 체납 현황에 대한 연도별 추이를 보면, 2020년 체납자 총 17만 8945명 중 국민연금 체납자 비율은 99.7%(17만 8389명), 2021년 총 21만 7234명 중 국민연금 체납자 비율은 99.4%(21만 6030명), 2022년(8월 기준) 총 24만 8462명 중 98.4%(24만 4413명)로 파악되었다(후생신문, 2022.10.21).

장기간 먼저 진행된 이후 급여 혜택이 제공되는 제도의 성격으로 말미암아 보험료 회피 가능성이 크다. 그러나 의무가입이란 틀을 통해 사회연대와 보편적 보장을 추구하는 사회보장제도에 대한 보험료 납부를 개인의 선택에 맡겨 두는 것은 바람직하지 않다.

노동시장과 사각지대:
기로에 있는 불안정노동자의 국민연금 가입

*

불안정노동자의 국민연금 가입 현황을 살펴보자. 2010년부터 2021년 사이 경제활동인구 중 국민연금 보험료를 부담하는 가입자의 비율은 꾸준히 증가해 왔다(국민연금공단, 2022). 국민연금공단이 18~59세 인구를 대상으로 산출한 정규직 노동자의 국민연금 가입률은 2010년 84.6%에서 2021년 96.6%로 12.0% 포인트 올라갔고, 비정규직 노동자의 가입률은 2010년 56.1%에서 2021년 70.1%로 무려 14.0% 포인트 올라갔다. 이렇게 지난 10년 동안 비정규직 노동자의 가입률이 비교적 많이 증가한 것

		2010	2012	2014	2016	2018	2020	2021
정규직		84.6	87.0	89.1	90.8	93.7	96.0	96.6
비정규직	계	56.1	59.4	61.1	61.0	63.1	67.9	70.1
	한시적	74.3	76.7	76.5	77.8	77.5	82.4	81.9
	비전형	47.4	52.7	54.9	53.4	57.0	57.9	61.6
	시간제	22.4	26.3	32.0	35.8	40.6	47.3	49.5

그림4　고용형태별 국민연금 가입률 변화 추이 (18~59세 임금노동자 대상)

은 고무적인 일이다.

그러나 비정규직 노동자의 가입률이 올라갔어도 여전히 약 30%는 제도 바깥에 머물고 있다. 더욱이 시간제 노동자의 경우 절반가량은 국민연금에 가입하지 못하고 있는데, 그만큼 시간제 노동자는 국민연금 가입에 있어 매우 취약한 범주라는 것을 알 수 있다. 그뿐만 아니라 실제로는 국민연금에 사업장가입자로 가입해야 함에도 불구하고 지역가입자로 가입하고 있는 이들도 많다. 비정규직 노동자의 가입률은 증가했지만, 국민연금공단(2022)에 따르면 이들 중 약 23%는 사업장가입자가 아닌 지역가입자로 가입되어 있다.

고용형태에 따른 국민연금 가입률 격차를 과장하면서 "국민연금은 정규직에게만 유리한 역진적인 제도"라고 주장하는 이들이 있다. 이 주장은 국민연금 강화가 오히려 제도의 역진성을 강화한다는 궤변으로 이어진다. 그런데 이 주장의 근거에는 오류가 내재해 있다. 이 주장이 내세우는 근거는 통계청 '경제활동인구조사 부가조사'의 2010년과 2022년 정규직 노동자과 비정규직 노동자의 국민연금 가입률 비교이다. 해당 기간 정규직의 가입률은 78.5%에서 89.1%로 10.6% 포인트 증가한 반면 비정규직은 38.1%에서 38.3%로 거의 변화가 없다는 것이다.

그런데 통계청 조사가 제시한 고용형태별 국민연금 가입률은 국민연금의 제도적 특성을 제대로 반영하지 못하고 있다. 일단 국민연금은 59세까지 의무가입이므로 60세 이상은 가입 대상이 아니지만, 통계청 표본조사는 약 3만 6000가구 내 임금근로자를 대상으로 하여 60세 이상까지 포함하고 있다. 2023년 조사 결과에 따르면, 비정규직 노동자 중 60세 이상이 32.2%에 달하므로 당연히 국민연금 가입률은 낮게 산정될 수밖에 없다. 또한 통계청의 가입률 수치는 비정규직 노동자가 지역가입자로 가입하는 경우를 누락하고 있으므로 실제 국민연금 가입률보다 과소 조사된다.

또한 국민연금의 보장성 강화는 정규직 노동자에게만 유리하다는 주장을 보면 국민연금 역진성에 대해 연금제도의 일부인 급여 측면만을 편향적으로 부각한다는 점을 알 수 있다. 즉 가입자의 기여 기능이 간과되었다. 정규직 노동자의 상당수는 고용계약을 유지하는 동안 보험료를 기여하고, 이렇게 형성된 재원으로 현재 수급자에게 연금급여가 제공된다. 즉 국민연금은 저축이 아니라 부과방식으로 재정이 운영된다는 점을 고려한다면, 꾸준히 기여를 책임지는 가입자에 대해 마치 부당한 특혜라도 주는 것처럼 바라보는 것은 옳지 않다. 그뿐만 아니라 국민연금은 급여 제공 면에서 비정규직 노동자에게 매우 유리한 제도이다. 특히 소득이 불안정하거나 낮을 경우 기여이력만 충족한다면, 고소득자와 저소득자 간의 재분배를 통한 소득보장 효과를 기대할 수 있다. 다른 조건이 같을 때, 평균임금 절반 수준의 저임금 가입자의 소득대체율은 43.1%, 평균임금 가입자는 31.2%, 그리고 평균임금 두 배의 임금 가입자는 18.6%(OECD, 2021)로 소득이 낮을수록 소득대체율은 높아진다. 이런 점을 고려한다면, 비정규직 노동자에게 필요한 것은 납부이력이 충족될 수 있도록 노동시장의 고용환경을 개선하거나, 사업주 당연적용을 의무화하는 것이다. 그런데 이와 같은 요구는 보이지 않는다.

마지막으로, 국민연금의 역진성을 비판하는 입장은 비정규직 노동자를 지역가입자가 아닌 사업장가입자로 위치시킬 방안을 제안하기보다 국민연금을 두고 노동자들을 이분화한다. 이는 잠정적으로 공적연금의 위상을 축소시키기 때문에 비정규직 노동자를 위한 주장이라고 볼 수 없다.

불안정노동자의 노동자성 부정과 사각지대:
특수고용형태 노동자의 국민연금 가입

*

한편 비정규직이든 정규직이든 아예 임금노동자로 인정받지 못하는 노동자의 국민연금 가입 형태는 이와 별도로 살펴볼 필요가 있다. 한국 사회에서는 많은 이들이 실제로는 사용자의 지휘를 받으며 일하고 있음에도 불구하고 노동자가 아닌 개인사업자로 취급되고 있다. 특수고용형태 노동자라 불리우는 이들이다. 특수고용형태 노동자는 '사업주'와의 관계에서 종속성이 있지만 일하는 과정에서는 자율성이 있는 노동을 하고 있는 사람들이다.[30] 이들은 고용계약이 아닌 위탁계약 등을 맺으므로 이들에게 노동을 제공받는 당사자는 '사용자'가 아니라 '사업주'로 규정된다.

근로기준법과 사회보험법은 이러한 형식상의 특징에 주목하여 특수고용형태 노동자의 노동자성을 인정하지 않는다. 근로기준법에서는 노무의 대가로 임금을 받는 이들을 노동자라 하는데, 이 기준에 따르면 이들은 노동자가 아니며, 국민연금법의 노동자 개념은 근로기준법의 규정을 준용하고 있다. 따라서 특수고용형태 노동자에게 노동을 제공받아 이윤을 얻는 사업주에게는 국민연금 가입 신고 및 관리 책임이 부과되지 않는다. 요컨대 특수고용형태 노동자는 타인에게 노무를 제공하는 사람이지만,

---

30 특수고용형태 노동자란 사전적 의미로는 "사업주와 계약으로 종속되었으나, 독자적인 사무실이나 점포 또는 작업장이 없고 근로 제공 방법 및 시간 등을 본인이 독자적으로 결정할 수 있는 근로자, 스스로 고객을 찾거나 맞이하여 상품이나 서비스를 스스로 직접 제공하고, 일한 만큼 실적에 따라 소득을 얻는 자"이다(국립국어원 '우리말샘' 참고).

독립사업자로 사업주와 계약을 맺으므로 노동법과 사회보험법에서 규정하는 노동자성을 인정받지 못하고 있다.

최근 국민연금 외에 다른 사회보험제도에서는 특수고용형태 노동자의 가입에 큰 변화가 생겼다. 산재보험에서는 2008년 특수형태근로종사자 적용이 시작되었고 이후 가입 대상 범위가 계속 확대되었다.[31] 고용보험에서는 전국민고용보험을 내걸고 2020년 말에는 예술인, 2021년 7월에는 특수고용형태 노동자로 적용이 확대되었다.[32] 반면에 국민연금제도는 오래전에 전국민연금을 선언했지만 특수고용형태 노동자에 관한 규정은 여전히 모호하다. 국민연금법에서 사업장가입자는 근로기준법 조항을 따라 '대가로 임금을 받는 자'로 규정되어 있고, 지역가입자는 '사업장가입자가 아닌 자'로 되어 있다. 법에는 특수고용형태 노동자의 포괄에 대한

---

31 산재보상보험법에 따르면 제5조 제2호 근로자 개념은 근로기준법을 따르도록 규정하고 있으나, 125조 특수형태근로종사자에 대한 특례를 두어 특수형태근로종사자란 "계약의 형식과 관계없이 근로자와 유사하게 노무를 제공함에도 근로기준법 등이 적용되지 아니하여 업무상의 재해로부터 보호할 필요가 있는 사람"으로 규정하면서, '계약의 형식과 무관하게'라고 하여 근로계약뿐만 아니라 도급 등 다양한 계약형태를 가진 이들을 포괄대상으로 한다. 또한 비대체성, 업종해당 요건이 충족되는 한 "특수형태근로종사자는 제5조 제2호에도 불구하고 이 법을 적용할 때에는 그 사업의 근로자로" 본다(국가법령정보센터 홈페이지 참고). 산재보상보험법에서는 가족종사자로 가입 범위를 넓히고(2021.6.9), 특수고용형태 노동자의 적용제외 신청 사유를 제한하는 조치(2021.7.1)를 통해 가능한 한 노동자에 대한 보편적 보장을 추구하고 있다. 질병, 부상, 임신, 출산, 육아로 인한 1개월 이상의 휴업, 사업주의 귀책 사유에 따른 1개월 이상의 휴업 등 특별한 사유가 있는 경우에만 산재보험 적용제외를 허용한다. 또한 2023년 7월 산재보상보험법에서는 노무제공자의 범위를 기존 14개 직종에서 18개 직종으로 늘렸다.

32 고용보험도 2021년 7월 1일 특수고용형태 노동자 적용 확대를 위해 법 개정이 이루어졌다. 고용보험법 제77조 6(노무제공자인 피보험자에 대한 고용보험 특례)에 따르면 피보험자 범위에 근로자와 구분되는 별도 범주로("근로자가 아니면서"), 고용계약이 아닌 다양한 형태의 계약을 맺어("노무제공계약", "다른 사람의 사업을 위하여", "대가를 지급받기로 하는 계약") 비대체성을 가지는 노동을 제공하는("자신이 직접 노무를 제공") 사람을 '노무제공자'로 지칭하여 특수고용형태 노동자를 고용보험 대상으로 포괄하고 있다.

명확한 규정이 없으므로, 이들은 국민연금제도에서 지역가입자로도, 사업장가입자로도, 납부예외자로도 존재한다.

문제는 국민연금의 지역가입자, 사업장가입자 구분은 특수고용형태 노동자의 존재 형태에 부합하지 않는다는 것이다. 특수고용형태 노동자는 다양한 방식으로 사업주의 지휘하에 일하게 되며, 감시와 통제를 받는 경우 또한 빈번하다. 이에 특수고용형태 노동자의 일이 자본주의 고용관계에서의 노동의 본질인 종속성에서 벗어났다고 볼 근거가 없다. 산재보험이나 고용보험과는 달리 학습지 교사나 콜센터 응답원, 전자제품 수리기사, 온라인 배송기사 등은 실상 사업주가 배정하는 일을 하고 지휘·감독을 받더라도 사업주가 국민연금에 가입신고를 해야 하는 대상이 아니다. 그래서 특수고용형태 노동자는 국민연금에 지역가입자로 가입하는 경우가 훨씬 많다. 실제 일하는 형태와 사회보험 가입이 불일치하는 것이다. 보건복지부(2023)에 따르면 산재보험 자료를 활용하여 산출한 2023년 6월 국민연금 가입 대상인 특수고용형태 노동자는 약 91만 명인데, 지역가입자가 가입 대상 중 53%이고 사업장가입자는 약 24%에 불과하다. 문현경 외(2020)도 같은 기준으로 2019년 특수고용형태 노동자의 국민연금 가입률을 72.8%로, 국민연금 사업장가입자 비율을 17.5%로 산출한 바 있다. 전국서비스산업노동조합연맹(2024)의 14개 업종 특수고용형태 노동자의 국민연금 가입에 대한 조사에서도 국민연금 가입률은 67%인데, 이 중 무려 88%가 지역가입자였다.[33] 조사 주체와 대상, 시점 등에 차이가 있지만, 모든 조사 결과는 특수고용형태 노동자의 존재 형태와 국민연금 가입 형식의 불일치를 보여준다.

3　불안정노동의 증가와 국민연금 대상 포괄의 한계

신자유주의와 불안정노동의 확산

*

국민연금 사각지대가 발생한 근저에는 노동시장 유연화로 인해 급증한 불안정노동의 문제가 있다. 국민연금 대상 포괄 문제를 노동시장 구조 변화와 고용불안정성 심화에 초점을 맞춰 살펴볼 필요가 있다.

먼저 이와 관련해 신자유주의 체제로의 전환을 말하지 않을 수 없다. 신자유주의는 안정성에 기반한 고용관계를 파괴하고,[34] 유연하고 불안정한 노동을 폭발적으로 늘림으로써 노동시장을 근본적으로 뒤집어 버렸다.

한국 사회는 1997년 김영삼 정부 말기에 발생한 경제위기를 계기로 신자유주의 체제로 급속하게 변화하였다. 경제위기 이듬해 집권한 김대중 정부는 IMF에 구제금융을 신청했고, 이에 IMF 측은 신자유주의적 구조조정을 차관을 위한 조건으로 제시했다. 이를 계기로 이전까지 노동계의

33　보건복지부(2023)의 특수고용형태 노동자 수와 국민연금 가입률 추정은 분모인 국민연금 가입 대상자를 산재보험 입직신고자로 제한한 결과로 현실의 전모를 파악하기에는 부족하다. 특수고용형태 노동자 범주를 비교적 좁게 잡은 정흥준(2019)에 따르더라도 이미 수년 전에 특수고용형태 노동자 규모는 166만 명이었으며 근로복지공단(2020)에 따르면 132만 명이었다.

34　하비는 1970년대 중반 이전의 미국, 서유럽, 일본 자본주의가 '자본과 노동 사이의 계급적 타협'을 바탕으로 팽창했다고 설명한다. 여기서 '계급 타협'이란 "이러한 다양한 국가형태들은 공히 완전고용, 경제성장, 그리고 시민들의 복지에 초점을 둬야 하며, 국가권력은 이러한 목적을 달성하기 위해 시장 과정과 더불어, 또는 만약 필요할 경우 시장 과정에 개입하거나 이를 대체하도록 자유롭게 전개되어야 한다는 점"(Harvey, D., 2014: 27)을 의미한다. 하비는 복지국가 황금기를 떠받쳤던 체제는 과잉축적 위기로 인해 붕괴한 것으로 분석한다.

저항에 가로막혀 있던 파견노동 합법화 등 다양한 노동시장개혁이 전면화되어 오늘날 다양한 형태의 불안정노동이 출현한 출발점이 되었다.

1997년 경제위기 직후 노동시장 유연화 정책에 따라 진행된 노동의 비정규직화는 임금을 포함한 노동비용(사회보험료, 퇴직금 등 비임금 노동비용) 절감은 물론 계약 해지를 통한 쉬운 해고, 사용주의 편의대로 진행되는 노동력 유연화 등으로 이어졌고, 자본은 이를 통해 노동에 대한 착취 방법을 다양화할 뿐만 아니라 강화할 수 있었다(민주노총정책연구원, 2016). 그 결과 1997년 경제위기 이후 종사상 지위만으로 파악하기 어려운 다종 다양한 고용관계가 증가하게 되었다.

김대중 정부는 한편으로는 신자유주의에 기반한 금융, 노동, 행정 등의 개혁을 국가 차원에서 단행하면서, 다른 한편으로는 이에 따라 증가하는 사회문제를 '생산적 복지'를 통해 대응하고자 하였다. 김대중 정부는 이전 정부보다 적극적으로 국가의 복지체제를 정비하였다. 국민연금도 1999년부터 도시지역 자영업자를 가입 대상에 포함시켰고, 이후 2003년부터 2006년까지 3단계에 걸쳐서 1인 이상 노동자를 사용하는 사업장의 사용자와 노동자를 사업장가입자로 적용하게 되었다. 이를 통해 적용 사각지대 문제를 대폭 줄인 듯했지만, 근본적으로 노동형태가 변화한 가운데 증가한 불안정노동자를 제대로 가입시키고 유지하는 데에는 성공적이지 못했다.

2002년 노사정위원회의 합의로 '경제활동인구조사'가 '근로형태별 부가조사'로 변경되었는데,[35] 이 조사에서는 비정규직을 한시적, 시간제, 비전형(파견, 용역, 특수형태, 일일, 가정 내)으로 구분하고 있다. 고용형태별로 노동자를 구분한 〈그림5〉에서 점선으로 묶인 유형의 불안정노동자는

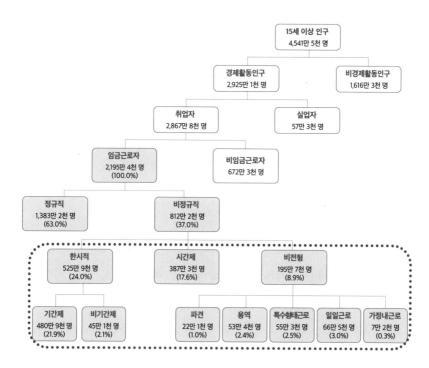

그림5 근로형태별 근로자 구성과 잠재적 사각지대 위험군 (통계청, 2023년 8월 기준)

잠재적으로 국민연금 대상 포괄과 관련해 배제될 위험이 가장 큰 집단
이다.

---

35 비정규직 근로자에 대한 대책과 관련된 노사정 합의문(1차)의 내용 중 비정규 근로자
   의 범위와 통계 개선을 위해 비정규 근로자는 '1차적으로 고용형태에 의해 정의되는
   것으로 ① 한시적근로자 또는 기간제근로자, ② 단시간근로자, ③ 파견·용역·호출 등
   형태에 종사하는 근로자를 대상'으로 했다(2002년 7월 22일 노사정위원회).

불안정노동에 대한 사회적 책임의 실종

*

모순되게도 한국에서 신자유주의 체제는 불평등과 불안정성 심화로 복지국가 레짐 형성을 유발했다. 그 결과로 발전한 국민연금제도는 변화된 노동시장과는 조응하지 못했다. 결국 21세기로 접어들어 한참이 지난 후에도 사각지대 문제는 줄곧 국민연금의 핵심 이슈가 되었다.

불안정노동차별철폐연대의 김혜진(2012: 99~102) 공동대표는 비정규직 노동자의 상태를 '가난해진다, 고용이 불안정해지고 기간이 짧아진다, 갈라치기와 위계의 정당화에 포식되고, 노동권을 박탈당한다'라고 묘사했다. 이러한 비정규직 노동자의 상태가 국민연금과 맞닿으면 '가난으로 보험료를 납부하기 어려워지고, 불안정한 고용으로 가입 유지가 어렵거나 사업장가입자가 될 수 없고, 비정규직 노동자에 대한 제도적 차별에 잠식되어 국민연금 수급권을 박탈'당할 수도 있게 된다.

앞서 살펴본 바와 같이 우리나라에서는 많은 노동자가 임금노동자로 분류되지만, 고용불안정성 등의 이유로 말미암아 사업장가입자로 국민연금에 가입하지 못하는 경우가 상당하다. 게다가 일하는 사람 중 상당수는 소득이 불안정해서 국민연금에 제대로 가입하여 보험료를 내는 데 어려움을 겪고 있다. 이렇게 불안정한 노동자는 국민연금 가입이력을 차곡차곡 쌓아가기 쉽지 않아서, 충분한 국민연금 급여를 보장받기 힘들다.

또한 노동자이므로 분명 사업장가입자로 가입해야 하는 이들 중 상당수가 국민연금 보험료를 고용주와 함께 내는 것이 아니라 홀로 부담하는 지역가입자로 가입하고 있다. 이는 가입 분류를 제대로 하지 못한 문제에서 그치는 것이 아니라, 사회연대에 기초한 노후소득보장제도인 국민연금을 운영하는 데 국가가 실패하고 있다는 것을 보여준다. 즉 사회적 책임을 제대로 부과하고, 노후소득을 적절히 보장하는 제도의 목표를 제대로 달성하지 못하고 있는 것이다. 비정규직 노동자는 그 형태는 다양할지라도 분명 임금노동자이다. 이들 중 상당수 노동자의 국민연금 보험료 부담에서 사용자 책임은 실종되었다. 특히 특수고용형태 노동자는 임금노동자로 인정받지 못하고 있어서 사업장가입자가 되지 못한 채 지역가입자가 된다. 이 경우 보험료 부담이 사업장가입자의 두 배가 되므로 가입 유지의 지속성이 떨어질 수밖에 없다.

그 밖에도 월 60시간 이상 노동하는 노동자에 대해서는 사업주의 국민연금 가입 신고 의무가 있는데, 사용자들은 이를 회피하기 위해서 60시간보다 적은 초단시간 노동자 여러 명을 고용하기도 한다. 이 또한 사용자가 국민연금 가입 및 보험료 책임을 회피하는 방식이다. 노동시장이라는 운동장은 여전히 자본에 기울어져 있고, 사용주가 초단시간 노동을 활용하는 등의 방법을 통해 사업장 가입 의무를 회피하는 것을 막는 국가 차원의 대책은 부재해 왔다.

결국 지난 십여 년 동안 불안정노동자의 국민연금 가입률은 증가했지만, 다양한 이유로 이들의 가입률은 아직 정규직 노동자의 60~70% 수준에 머무르고 있다. 가입 형태 또한 노동자성이 인정되지 않는 비정상적인 형태가 유지되고 있다. 이는 고용과 임금의 불안정성으로 대표되는 21세기 한국 사회의 노동문제와 국민연금 가입체계가 서로 조응하지 못한 결과이고, 사업주의 보험료 부담 회피를 국가가 방관한 결과이기도 하다.

4 불안정노동자를 위한 노후소득보장제도

가입자 확대를 가로막는 가입자 관리 및 보험료 부과체계의 한계

*

불안정노동에 대한 국민연금의 대상 포괄 문제는 거시적으로는 노동시장 개혁을 통한 구조 변화와 미시적으로는 국민연금의 제도개혁을 통한 가입장벽 최소화로 이루어져야 한다. 그런데 이제까지 국민연금개혁 논의에서 불안정노동 문제는 노동시장에서 해결해야 할 일로만 치부되거나 매우 소극적인 수준에서 다뤄졌다.

국민연금제도는 1988년 10인 이상 사업장 노동자를 대상으로 최초 시행되었다. 이후 1995년 농어촌 지역과 1999년 도시지역 주민에게까지 확대되면서 지역가입자가 출범하게 되었다. 농어촌 지역가입자의 규모는 200만 명 수준으로 출발하여, 이후 도시지역까지 포괄되면서 1100명으로 확대되었다(윤병욱·송창길, 2017: 26). 이후 2003년 7월 1일 국민연금 당연적용사업장 범위가 5인 이상에서 1인 이상으로 단계적으로 시행되어 2006년 1월에 1인 이상 노동자를 고용하는 모든 사업장은 당연적용사업장으로 포괄되었다.

이렇게 국민연금제도는 사업장에 고용된 노동자의 규모 기준을 완화했을 뿐만 아니라, 근로시간 1개월 이상 노동자 및 월 80시간 이상 노동자를 사업장가입자로 2003년부터 편입하였다. 국민연금 가입에 관한 고용기간 요건 및 노동시간 요건을 완화한 것이다. 2007년부터는 건설현장에 일용노동자를 고용하는 경우, 국민연금에 당연적용하도록 했다. 2010년에는 대학강사 등 단시간 노동자에 대한 노동시간 인정 기준을 월

기준 연도	가입자 확대를 위한 제도 변화
1995년	농어민 및 농어촌 지역으로 확대
1999년	도시지역으로 확대
2003년	당연적용사업장 규모 확대: 5인에서 1인으로 단계적 확대 시행 1개월 이상 고용되는 모든 일용, 임시직 노동자로 확대
2006년	1인 이상 근로자 고용 사업장에 대한 당연적용 전면화
2007년	건설일용직 사업장가입 적용
2009년	건설일용직 사업장가입 강화
2010년	단시간 노동자 사업장가입 적용기준 완화: 월 80시간에서 월 60시간으로
2016년	일용노동자 사업장가입 적용기준 완화: 월 8일 이상이면서 월 60시간 이상에서 월 8일 이상 또는 월 60시간 이상으로

표8 가입자 확대를 위한 제도적 노력

80시간에서 60시간으로 완화 조정하였으며, 2016년에는 일용노동자 사업장가입 적용기준을 완화했다. 또한 여러 사업장에서 시간을 나눠 일하는 노동자도 복수사업장으로 국민연금에 가입할 수 있게 하였다.

한편 1인 이상 사업장 당연적용과 일용노동자의 사업장가입 적용기준 완화 등으로 지역 납부예외자와 장기체납자의 일부가 소득신고자로 전환되면서 가입 대상자로 '드러나게' 되었다. 가입 대상자로 '드러나게' 되었다는 의미는 국민연금은 사회보험제도이므로 소득활동의 근거가 되는 소득자료를 국민연금공단에서 파악할 수 있고, 비로소 제도를 적용할 수 있게 되었다는 것이다. 그러므로 소득과 이에 대한 국세청 자료가 확보되면 국민연금공단은 가입 대상자로 편입하고 관리할 수 있게 된다. 적용 사각지대는 '가입 대상자로 드러나게 되느냐'로부터 출발한다.

가입자 확대를 위한 제도적 변화가 이루어지면서 경제활동인구 중 국민연금 가입률은 꾸준히 올랐다. 그러나 앞서 살펴본 것처럼 불안정노동자의 가입 문제는 아직 해결할 이슈가 많다. 특히 특수고용형태 노동자의 경우 사업장가입자의 형태로 가입할 수 있게 하는 제도적 요건이 미비하다. 특수고용형태 노동자의 상당수가 국민연금에 가입하지 못하거나 보험료를 홀로 부담하는 지역가입자로 가입하는 것은 단지 이들이 자영업자와 노동자 사이에 있는 존재이기 때문만은 아니다. 근본적인 문제는 국민연금제도의 무대응, 무관심이다. 특수고용형태 노동자의 국민연금 가입 지위 및 관리 문제는 오랫동안 방치되어 왔다. 이런 모호함 때문에 특수고용형태 노동자의 수가 큰 폭으로 증가하는 동안, 그리고 고용보험과 산재보험에서 이들의 대상 포괄에 관한 정책 혁신이 이루어지는 동안, 국민연금제도에 관해서는 특수고용형태 노동자의 가입 지위, 가입신고 의무, 관리체계, 보험료 부과 등이 제대로 논의된 적이 없다.

정부는 2018년 제4차 국민연금종합운영계획에 이어 2023년 제5차 국민연금종합운영계획에서도 특수고용형태 노동자의 국민연금 사업장가입을 확대할 필요가 있다고 밝힌 바 있다. 하지만 이를 위한 구체적 방안을 제시한 적은 없다. 정부가 특수고용형태 노동자의 국민연금 사업장가입을 확대할 필요가 있고 이를 '단계적'으로 추진하겠다는 말만 반복할수록 이에 대한 믿음은 옅어진다. 도리어 국민연금에서는 고용보험과 산재보험에서 관리하는 특수고용형태 노동자의 입직 및 이직, 소득 등에 관한 자료를 사용할 수 없게 되었다. 다른 사회보험 자료를 가지고 특수고용형태 노동자를 국민연금에 가입하도록 안내하고 유지하는 것이 오히려 더 어려워진 것이다. 정부 정책은 말과 거꾸로 가고 있다. 특수고용형태 노동자의 노동을 활용함으로써 이윤을 얻는 이들에게 사용자 책임을 부과할 제도적 기반은 매우 취약하다.

한편 가입률을 높이기 위한 보험료 지원사업 역시 사각지대를 해소하기 위한 보조적 장치로서 의미가 있다. 보험료 지원사업은 처음에는 농어업인에 대해서만 이루어졌지만 이후 저임금 소규모 사업장 노동자로 확대되었고, 최근에는 지역가입자로까지 대상이 확대되었다. 그러나 그 내용을 들여다보면 특히 지역가입자 보험료 지원사업의 대상은 납부재개자로 한정되어 있고 생애 최대 1년으로 무척 제한적이다.

보론

〈국민연금 지역가입자를 위한 연금보험료 지원제도(2023년 기준)〉

- **납부예외에서 납부를 재개한 가입자**
  - 2022년부터 시행
  - 지원 대상: 납부예외자 중 연금보험료 납부를 재개한 사람
  - 재산 및 소득 기준: 재산 6억 원 미만이면서 종합소득(사업 및 근로소득 제외) 연 1680만 원 미만
  - 지원 금액: 월 보험료의 50%(월 최대 4만 5000원), 생애 최대 12개월 지원
  - 재원: 복지부 일반회계
- **농어업인 연금보험료 지원**
  - 1995년부터 시행. 2024년 12월 31일 일몰
  - 지원 대상: 농어업인 지역가입자, 지역임의계속가입자
  - 재산 및 소득 기준: 재산 10억 원 미만이면서 종합소득 연 6천만 원 미만
  - 지원 금액: 기준소득월액 103만 원을 기준으로 초과 시 월 4만 6350원 정

액, 기준 이하면 월 연금보험료의 50% 정률 지원

- 재원: 고용노동부 일반회계

국민연금제도에서 '노동자성' 인정하기

*

국민연금 대상 포괄 문제를 해결하기 위해 국가와 사회가 우선적으로 해야 할 일은 불안정노동자들이 국민연금제도 안에 안정적으로 머물 수 있게 법 제도를 정비하는 것이다. 그동안 국민연금제도에서 아무런 조치 없이 방치된 대표적인 사람들이 바로 특수고용형태 노동자이다. 이에 특수고용형태 노동자의 국민연금 가입 문제를 어떻게 해결할 것인지 집중적으로 논의해보고자 한다.

특수고용형태 노동자의 국민연금 가입에 대해 어떻게 접근해야 할까? 특수고용형태 노동자가 노동자로서 사회권을 갖는 것, 즉 이들이 노동자로서 국민연금 가입 지위를 확보하게 하는 것이 우선이다. 노동자로 불리지 않는 특수고용형태 노동자의 증가는 공적연금제도가 적응해야 하는 정책 조건의 변화로 일컬어진다. 하지만 달리 보면 공적연금정책과 노동정책은 특수형태 노동 자체를 변화시키는 데 함께 기여할 수 있다. 특히 사회보험방식인 국민연금제도는 특수고용형태 노동자의 노동자성에 걸맞은 사회권을 부여함으로써 이들의 노동자로서의 지위를 명확히 할 수 있다. 특수고용형태 노동자의 속성으로 일컬어지는 불안정성과 취약한 사회권의 근본적 변화를 도모함으로써 특수고용형태 노동자의 정체성을 바꾸는 것이다. 즉 모호한 지위를 가진 새로운 노동자 범주로 등장하여 국민연금 가입에 어려움을 겪는 특수고용형태 노동자의 정체성과 그들의 증가 추이를 변화시킬 수 있는 사회정책적 접근이 필요하다.

많은 업종의 특수고용형태 노동자는 이미 종속적인 노동을 할 뿐만 아니라 사회보험 가입에 필요한 수준 이상으로 지속적으로 특정 사업주에게 노동력을 제공한다. 1개월 이상, 월 60시간 이상, 월 8일 이상 일하면 국민연금에 가입해야 하는데, 대부분의 노동자는 이 기준을 훌쩍 넘어선다. 게다가 학습지 교사, 수리기사, 보험모집인, 택배기사 등 일부 업종의 경우 전속성(권리나 의무가 특정한 사람이나 기관에 딸리는 경향)도 커서 국민연금 보험료 부과 대상 사업주, 즉 사용자 책임을 수행할 주체를 어렵지 않게 확인할 수 있다.[36] 국민연금법에 근거가 마련되면 가능하다. 사회보험 가입을 어렵게 할 정도의 큰 유동성이나 불안정성만을 두고 특수고용형태 노동자의 속성이라고 할 수는 없다. 위탁계약을 맺고 있지만 사실상 사용자로서 업무지시를 하고 감시하는 사업주가 국민연금의 사용자 책임을 지는 것은 특수고용형태 노동자의 실제 경험과 자기정체성에 부합한다.

다만 특수고용형태 노동자 중에서도 프리랜서 노동자와 최근 급증하고 있는 플랫폼 기반 노동자는 노무제공관계가 안정적이지 않고, 사업주가 다수이거나 모호한 경우가 많다. 이미 특수고용형태 노동자에 대해서

---

36 전속성이란 하나의 업체에 소속돼 해당 업체의 업무만 수행하는 것을 일컫는다. 특수고용형태 노동자는 고용계약이 아닌 위탁, 도급계약 등으로 노무제공을 하고 있으므로 한 업체에 전속되지 않을 가능성이 큰데 취약한 전속성 및 지속성은 이들의 노동자성을 부인하는 요인이 될 가능성이 높다. 즉 통상적 의미의 전속성 기준은 특수고용형태 노동자의 노동자성 입증에, 그리고 사회보험 가입에 장애물이 될 수 있다. 이에 특수고용형태 노동자의 전속성 기준은 통상적인 임금노동자의 경우와 다르다. 특수고용형태 노동자의 전속성 기준은 2017년 '퀵서비스기사 및 대리운전기사의 전속성 기준' 지침을 따르는데 "소속 업체에서 전체 소득의 과반을 얻거나 전체 업무시간의 과반을 종사하는 경우"는 전속성이 있는 것으로 판단한다.

는 전속성 기준이 완화되었지만, 완화된 기준조차 산업구조와 계약형태 변화에 맞지 않는다. 이에 산재보상보험에서는 2023년 7월 전속성 기준이 폐지되었다. 전속성 기준은 누가 주된 사용자인지를 밝혀 사회보험에서 사용자 책임의 소재를 명확히 한다는 의의가 있지만, 이것이 국민연금에서 노동자성과 사업장가입자 자격을 부여하는 필수 요건이 될 필요는 없다.

요컨대 노무제공관계의 변화 속도가 빠르고, 물품과 서비스의 생산과정이 매우 달라졌다. 자본이 여기저기 편재되고 디지털화되는 상황에서 사회적 보호를 위해서는 고용관계의 전속성과 지속성이 필요하다고 요구하는 것은 적절하지 않다. 즉 노동자로서 사회보험 가입 지위를 확보하기 위해 전속성과 지속성을 요구하는 것은 부당하다.

산재보험에서는 이미 전속성 요건이 사라졌고, 시간제 노동자는 일하는 여러 사업장의 합산 노동시간이 월 60시간이 넘으면 국민연금에 가입할 수 있다. 한 가입자에 대해 여러 사용자에게 국민연금 보험료를 나눠부과할 수 있다. 또한 노동의 디지털화는 플랫폼 노동에 대해 사업주와 노동자 각각의 수입을 바로 파악하고 사회보험료 중 각자가 책임져야 하는 몫을 업무량에 따라 정확하게 산정할 수 있게 해준다.

이러한 가능성에 근거하여 특수고용형태 노동자가 사업장가입자로 가입할 수 있는 길을 넓힐 필요가 있다. 일단 산재보험에 가입된 18개 업종의 특수고용형태 노동자를 사업장가입자로 국민연금에 가입시키는 것이 가능하다. 이들의 노동자성을 인정하고 이를 통해 국민연금 사업장가입자로 포괄하는 것이다. 이를 위해서는 국민연금법 개정이 필요하다. 예를 들면 근로기준법의 근로자 기준을 준용하고 있는 임금노동자 규정을 바꾸는 것이다. 특히 특수고용형태 노동자를 개념조차 애매한 노무제공자로 규정하기보다는 노동자성을 인정하고 이들에 대해 노동자와 사용자가 함께 보험료를 분담하는 방식으로 정책을 재정립하는 것이 중요하다.

국민연금제도에서 사용자 책임 회복하기:
플랫폼과 원청의 보험료 책임

*

노동자성은 사용자성과 짝을 이룬다. 일을 하는 사람을 노동자로 본다면 사업주를 사용자로 보는 것이 마땅하다. 노동자성을 확대한다는 것은 그 맞은편에 있는 사용자성도 그에 맞춰 확대한다는 것을 뜻한다. 오랜 운영 과정을 봤을 때, 공적연금에서 사용자성의 핵심은 무엇보다도 재정 책임의 실현이었다.

국민연금에서 사용자성을 확대한다면, 다양화된 노무제공관계에 맞춰 보험료의 책임을 지는 사용자 역시도 다양하게 바라볼 수 있다. 노동자와 직접적인 계약을 맺는 대리점 등의 관리업체가 사용자 의무를 지는 것은 기본이다. 그렇지만 고용 외주화가 만연한 업종에서 직접 계약을 맺는 사업주만 국민연금 보험료를 모두 책임지는 것은 불공평하다. 노동력 제공과 이에 따른 이윤 창출 방식, 그리고 수익이 누구에게 귀착되는가를 모두 고려해야 한다. 정보를 집적하면서 노동자에 대한 업무 할당, 통제, 보상을 최종적으로 결정하는 것은 원청과 플랫폼이다.

결론은 원청과 플랫폼에게 사용자 책임을 부여할 필요가 있다는 것이다. 다자고용관계multi employer relationship에 상응하여 복수 사용자가 국민연금 보험료를 함께 책임져야 한다. 대표적인 예가 플랫폼과 관리업체 간의 사업주 책임 분담이다. 퀵서비스의 경우에도 플랫폼 업체와 대리점이 사용자 재정 책임을 분담하는 것이 타당하다. 온라인배송 노동자에 대한 사회보험료 역시 원청인 홈플러스, 롯데마트, 이마트 등 유통업체가 분담할 필요가 있다. 다양한 배달플랫폼에도 사회보험료 분담 책임을 부과할 필요가 있다. 이미 원청업체는 궁극적인 교섭 책임을 갖는다. 플랫폼은 일의 할당과 노동 감시 및 통제 기능을 다양한 방식으로 수행한다. 같은 논리로 특수고용형태 노동자와 직접 계약하는 위탁사업자가 아니더라도 원청과 플랫폼은 노무제공자의 노동력을 통해 이윤을 확보하는 만큼 이에 근거해 사회보험료를 부과해야 한다. 가장 극단적으로 사용자가 해체된다고 하더라도, 노동을 중개함으로써 수익을 얻는 플랫폼은 단순히 무형의 네트워크가 아니라 사업자등록을 한 사업조직 형태로 운영된다.

불안정노동자의 노후를 위해 국가가 해야 할 일

*

국민연금제도에 관한 사용자와 가입자의 가입 및 재정 부담 책임이 기본이라면, 국가의 역할은 무엇일까? 국가는 공적연금의 관리운영자이자 이를 통해 사회를 유지하고 모든 국민들의 적절한 노후생활을 보장하는 최종적인 책임 주체이다. 그렇다면 국가는 구체적으로 무엇을 해야 하는가?

국가는 우선 국민연금의 관리운영자로서 특수고용형태 노동자와 사용자에게 국민연금 가입자로서의 지위와 책임을 부여하고 보험료를 부과하는 방식을 바꿔야 한다. 자본이 유동적이고 노무제공관계가 비정형화되어 있는 상황에서는 특히 국민연금의 가입자 관리체계를 더욱 유연하게 만드는 것이 필요하다. 예를 들면 사업장 단위로 연금가입과 보험료 분담 책임을 강화한다고 하더라도 특수고용형태 노동자는 노동 특성상 개인 단위의 관리가 불가피하므로 사업장가입자 범주 안에 비전형 노동자 범주를 설정하고 집중적으로 관리하는 것이 필요할 것이다. 특수고용형태 노동자에 대해 위탁계약을 맺은 사업주 등 여러 사용자에게 재정 부담을 요구하기 위해서는 사업장 단위가 아닌 개인을 중심에 두는 개인 단위 관리가 적합하다. 적극적인 가입과 관리 방안을 모색하는 것은 사회보험 운영의 주체, 구체적으로는 국민연금공단의 일이지만 궁극적인 책임 주체는 국가이다.

특수고용형태 노동자를 사용하여 이윤을 확보하는 플랫폼에게 보험료를 부과함으로써 적절한 규모의 사회적 책임을 다하도록 만드는 것 역시 국가의 일이다. 플랫폼에 대한 보험료 부과를 위해서는 플랫폼을 통한 노동소득 확보 기록과 플랫폼의 수수료 기록이 노사에게 보험료를 부과하는 기초가 될 수 있다. 기술혁신은 복잡해진 노무제공관계와 소득을 빠르게 기록하고 여러 사용자가 분담해야 할 사회보험료를 계산하여 사회보험제도에 반영할 가능성 또한 열어준다. 퀵서비스와 같이 여러 플랫폼이 위계적인 복잡한 구조를 형성한 경우에는 개별 수수료에 기초하여 보험료를 복잡하게 부과하는 것이 아니라, 이들의 기존 매출(수수료 수입) 기록에 근거하여 국민연금 보험료를 일괄 부담하도록 하는 방법도 있다. 매출에 비례하여 단계적인 정액 보험료를 부과하는 것이다. 반드시 개별 노동자 단위로 보험료를 책정해야 하는 것은 아니다. 이 모든 정책 개선은 국가의 노동법, 국민연금법 등의 재정비를 통해 근거를 갖는다.

국가는 이 복잡한 사안을 해결하고 현실에서 실행되도록 만드는 주체이다. 특수고용형태 노동자의 국민연금에 관해 사업주와 가입자 모두의 사회적 책임을 확대시키고자 하는 위 방안은 여러 어려움을 초래한다. 하지만 사안이 복잡하다는 것은 해결해야 할 것이 많다는 뜻이지 해결이 불가능하다는 것을 의미하지 않는다. 다양한 자원을 동원하여 이 어려움을 극복하는 것이 국가의 일이다. 예를 들면 특수고용형태 노동자의 국민연금 가입신고를 의무화하고, 다양한 노무제공계약의 당연한 일부로서 연금보험료 부담을 적시하려면 시간이 꽤 필요할 것이다. 소규모 사업주의 경우에는 더욱 그러하다. 초기에는 국가가 노동자와 사업주의 보험료 부담에 대해 과감한 조세 혜택을 제공하는 것도 하나의 방법이 될 수 있다. 다만 특수고용형태 노동자에 대한 자본의 사회보험 책임, 특히 원청과 플랫폼의 책임을 명확하게 하는 것은 국고 지원에 선행해야 한다.

중요한 것은 제도의 관리 의무를 갖는 국민연금공단과 궁극적인 책임 주체인 국가는 노후소득보장 재정에 대한 폭넓은 연대를 유지하고, 개인에게는 보험료 회피 결과로 연금 수준이 낮아지는 불이익이 발생하지 않도록 관리해야 한다. 특히 소득상실의 위험이 큰 집단에게 악순환이 발생하지 않도록 관리할 의무가 있다. 불안정노동자를 적극적으로 제도 속에 포괄하는 것, 그리고 소득취약계층에 대한 보험료 지원을 확대하는 것 등은 이들의 노후소득보장을 고려하여 더욱 적극적으로 확대될 필요가 있다.

이 장을 정리하며

*

국민연금 대상 포괄 문제를 해결하기 위해 국가와 사회가 우선적으로 해야 할 노력은 비정규직 노동자와 불안정노동에 종사하는 사람들이 국민연금의 틀 안에 들어오고 머물 수 있도록 법 제도를 정비하는 것이다. 또한 특수고용형태 노동자와 같은 노동자성 문제와 플랫폼 노동자와 같은 감춰진 사용주 찾기 문제에 대해 국가는 응답해야 한다. 노동이 불안정해질수록 사회보험의 재정 기반은 약화될 수밖에 없다. 저출생·고령사회로 진입하는 국면에서 값싼 노동력을 기반으로 자본축적을 하는 생산체제로는 한국 사회의 지속가능성을 확보하기 어렵다. 불안정한 노동이 유지되는 한, 국민연금의 지속성뿐만 아니라 사회 전체의 지속성도 유지하기 힘들다.

나아가 국민연금 가입은 연금급여 적정성, 재정 상태, 정치적 정당성 등에 영향을 받을 수 있는 만큼(Gillion, C., 2000: 44) 사각지대 문제를 해결하기 위해서는 이에 대한 변화가 반드시 필요하다. 국민연금 가입자의 기여 회피는 경제적 결핍, 제도에 대한 부정적 인식 등에서 비롯되는데, 전자는 경제적 어려움으로 국민연금 보험료 납부가 개인지출의 우선순위에서 밀리는 경우가 대표적이다. 후자의 경우로는 장기적 제도인 국민연금을 통한 적정한 수준의 연금급여를 보장받는 것이 어려워 보인다거나, 기금이 소진될 것이라는 여론으로 인해 미래 재정에 대한 불안심리가 커진 것을 들 수 있다. 선거 시기 연금제도를 뒤흔들려는 시도가 거듭되거나, 국민연금의 보장성은 후퇴하는데 비기여식 제도인 기초연금의 급여만 인상되는 경우도 역시 마찬가지이다. 이 경우 가입자들의 제도 불신 심화는 기여 회피로 이어질 수 있다. 따라서 국가와 국민연금공단은 그간 국민연금에 대한 제도적 신뢰를 구축하기 위한 노력보다는 불신을 조장하는 역할을 해 온 것은 아닌지 성찰해볼 필요가 있어 보인다.

**국민
연금
가치
선언**

5

사회의
지속가능성을
위한
국민연금
재정과
연기금
투자

보험료 인상 일변도의 접근은 연금재정 문제에서는
굴러내리는 바위를 끊임없이 밀어 올리는
시시포스의 수고와도 같다.

국민연금제도의 취지와 다르게 신자유주의 시대를 거치면서 노후소득
보장이라는 본질적 목적보다는 연기금이 중시되는 과정과 그 결과에 대
해 살펴보았다. 자본주의 사회는 이윤 추구를 동력으로 발전하지만, 사회
의 재생산을 위해 운영되는 복지제도의 성격과 발전 정도는 국가별로 다
르다. 즉 복지제도의 성격과 수준은 해당 국가의 사회구성원이 결정한다.
우리가 지금 무엇을 중요하게 생각하고, 어떤 것을 선택할지에 따라 다가
올 미래는 달라질 수 있다. 한국의 국민연금이 현재까지 해 온 일이 오직
'재정안정'을 위해 보장성을 축소하고 금융시장에 목돈을 제공하는 것이
었다면, 이제 국민의 선택에 따라 노후소득보장을 중시하고 사회의 유지
를 위해 연기금을 투자하게 만들 수 있다. 연기금을 초저출생 문제의 극
복을 위해 투자하는 것이 중장기적으로는 국민연금을 유지하고 최종적
으로는 사회를 유지하는 방법이 될 수 있다. 이에 사회의 지속가능성의
관점에서 새롭게 수립되어야 할 대안적 재정 방안과 연기금 투자 방향에
대해 소개한다.

1 시시포스의 몸짓을 거부하는 국민연금 재정 방안

사연금과 달라야 할 국민연금의 재정안정

*

국민 전체가 가입하는 공적연금인 국민연금의 재정안정 방식은 기업연금, 개인연금 등 사연금의 방식과 다를 수밖에 없다. 사연금은 개인이 투입한 적립금과 투자수익에 따라 연금을 받는다. 하지만 공적연금에서는 경제활동을 하는 국민이면 세대를 이어 자동으로 가입자가 되고 국가가 최종적인 운영 책임을 갖는다. 따라서 공적연금의 안정성은 곧 국가의 안정성을 의미한다. 따라서 국민연금과 같은 공적연금은 나중에 연금으로 지급할 돈을 기금으로 미리 쌓아두지 않는 경우가 대부분이다. 미래 사회 전체의 경제활동 수준, 그리고 그에 기반한 연금기여 수준을 안정시키는 것이 더 중요하기 때문이다.

국민연금과 같은 공적연금의 재정이 어떻게 조달되는지 좀 더 자세히 들여다보자. 앞서 살펴본 것처럼 공적연금이란 젊은 세대가 노인 세대를 공동으로 부양하는 제도이다. 경제활동을 하는 생산 세대 전체가 공적연금 가입자가 되어 기여하고, 노인에게 지급하는 연금지출에 대한 재정 책임을 나누어 진다. 공적연금은 사회연대를 기반으로 세대를 거듭하며 사회적 부양을 실현한다. 이런 방식은 각자가 노동 생애 동안 적립한 돈으로 노인이 된 후에 연금을 보장받는 것보다 더 효율적이고, 인플레이션에 따른 가치 하락을 예방하는 데 효과적이다. 장기적으로 볼 때 자산가치는 인플레이션 등의 원인으로 인해 하락할 가능성이 매우 높고, 적립한 돈의 가치 역시 하락할 것이므로 적립금을 통한 자산가치 보전은 거의 불가능하다. 따라서 공적연금은 실업의 급증과 같은 급격한 사회경제적 변화에 대비하여 다양한 사회적 충격을 완화하는 완충기금buffer fund 정도만 보유하면 된다.

사연금은 지금까지 적립된 보험료와 투자의 결과인 연기금이 미래에 지급할 연금급여를 충당할 수 있는지를 두고 재정안정성을 판단한다. 그러나 국민연금 재정안정에 대해 연기금을 얼마나 적립했고 언제 소진되는지만을 두고 판단하는 것은 타당하지 않다.

국민연금은 생산인구 전체가 세대를 이어 연금재정을 조달한다. 따라서 국민연금 재정을 조달하는 전체 사회의 기반인 미래 출생률, 경제활동참가율, 경제성장률, 노동소득 분배율 등의 추이가 지금 눈에 보이는 연기금 규모보다 더 중요하다. 국민연금과 같이 일하는 사람 전체가 참여하는 사회보장제도의 재정안정에는 미래 인구구조 변화, 성장의 지속, 바람직한 고용과 노동소득 분배, 더 오래 건강하고 안정되게 일할 수 있는 은퇴제도의 변화가 크게 영향을 미친다. 이는 보험료율만큼이나 중요하다.

예를 들어, 보험료율이 같은 9%여도 GDP의 30%가 노동소득으로 분배되는지, 아니면 40%가 분배되는지에 따라 보험료 수입은 달라진다. 또한 정년 역시 연금재정에 큰 영향을 미칠 텐데, 정년이 60세인 경우와 65세인 경우로 다를 때 사회구성원이 연금재정에 기여하고 연금을 수령하는 기간도 달라질 것이다. 핀란드, 독일, 네덜란드 등 많은 나라들이 연금재정의 안정을 위한 대안으로 더 많은 사람이 더 오래 일할 수 있도록 하는 노동정책을 실행하는 것은 이 때문이다. 물론 공적연금의 재정 기반을 노동소득에서 온갖 종류의 자산소득으로 넓히는 것도 같은 이유에서이다.

정리하면 공적연금의 재정원리상 국민연금의 재정안정은 단순히 가입자의 보험료율 인상과 연기금의 크기에 달려 있는 것이 아니다. 그보다는 제도의 기반인 인구, 고용, 분배, 경제구조 및 사회의 질과 밀접하게 연결되어 있다. 아울러 국가의 재정 책임 또한 중요하다. 이상의 요소들을 고려하면서 국민연금의 재정안정 방향을 논의해보자.

재정안정 방향:
① 사회적 지속가능성을 높이는 투자로

*

국민연금의 재정안정은 어떤 방향으로 이루어져야 할까? 우리 사회공동체가 함께 운영하는 노후소득보장제도인 국민연금의 재정안정을 위한 첫 번째 방향은 사회적 지속가능성social sustainability을 확보하여 재정안정을 도모하는 것이다. 앞서 말한 바와 같이 국민연금의 재정안정은 한국사회의 사회경제적 토대를 튼튼히 하는 것부터 시작된다. 이와 관련한 대표적인 과제는 저출생 경향을 역전시키는 일이다. 국민연금 재정문제는 상당 부분 인구문제, 특히 저출생에 기인하는 만큼 저출생 경향을 역전시킬 수 있을 정도로 사회를 크게 변화시키는 것이 국민연금의 지속가능성 확보에 필수적이다. 출생률을 높이는 것은 생산연령인구 증가, 경제성장, 제도부양비 완화, 보험료 수입 증가 등을 통해 연금재정 개선에 기여할 수 있다. 즉 가족지출 확대, 주거안정, 고용안정 등을 통해 삶의 질을 높여 출생률을 개선하는 것은 국민연금 재정안정에 직접 영향을 주게 된다. 그밖에 가족의 다양성 제고와 이민제도 개혁, 지역균형발전, 기업운영방식 및 노동시장 개혁을 통한 양극화 해소도 연금재정 기반을 튼튼히 하는 조치 중 하나이다. 특히 정년 연장과 고령자 고용지원 등을 통해 더 오래 괜찮은 일자리에서 일할 수 있도록 하는 것은, 기여수입 확대와 지출 감소 두 가지 측면에서 연금재정에 큰 영향을 미친다.

이러한 국민연금의 사회적 지속가능성 기반을 확충하는 여러 방법 중 하나가 바로 연기금의 사회투자social investment이다. 사회투자란 사회문제 해결이나 금전적 수익이 아니라, 출생률과 고용률 제고 같은 사회적 수익social benefit을 목적으로 하는 투자이다.[37] 일례로 사회투자 중 인구투자는 가족의 돌봄 책임을 사회화하고 양성평등을 제고하기 위한 공공보육, 공공주택, 공공요양, 공공재활서비스 등의 인프라를 확충하고, 여성 고용률을 높이기 위한 투자 등을 의미한다. 이러한 인구투자의 목적은 사회의 질을 높여 출생률의 반등을 이루는 것이다.

또한 노인요양시설과 공공병원을 확충하기 위한 투자는 노인 돌봄과 간병이 개인에게 주는 압박을 줄이고, 나아가 노인요양비와 의료비 팽창을 억제하여 연금급여의 인상 압박을 줄일 수 있다. 공공노인요양시설의 서비스가 민간요양시설에 비해 질적으로 우수하다는 것은 공공노인요양시설 입소를 기다리는 긴 대기자 명단만 보아도 쉽게 확인할 수 있다. 공공병원은 코로나19 재난 시기에 공공의료의 사회적 필요성을 명확하게 보여주었다. 공공의료체계를 확충하고 확대하기 위해 연기금을 투자하는 것은 사회의 질을 높이고 사회보장재정지출을 절감하기 위한 대표적인

---

37 사회투자는 사회문제 해결 및 사회적 수익 발생을 목적으로 하지만 그렇다고 금전적 수익을 포기하는 투자는 아니다. 사회투자는 특별채권 방식이나 BTLBuild-Transfer-Lease방식 등을 통해 안정적으로 금전적 수익을 확보하는 방식으로 이루어질 수 있다. 즉 사회투자는 기존의 채권투자 수익률, 혹은 인프라 투자 수익률에 준하는 금전적 수익을 안정적으로 확보하면서 이루어질 수 있다.

사회투자라고 할 것이다. 또한 기후위기 대응을 위한 탄소 발생 억제, 대체에너지 인프라 확대 역시 우리 사회의 질을 높이기 위한 핵심적인 연기금 투자 영역이다.

다른 나라의 공적연금에 비해 그 규모가 훨씬 큰 국민연금기금은 거의 100% 금전적 수익을 추구하는 금융투자에 들어가고 있다. 퇴직연기금은 말할 나위도 없다. 즉 노후소득보장을 위해 쌓이는 연기금은 모두 금융시장 팽창에 투입되었고, 이 중 해외 금융시장 투자 비중은 더 커지고 있는 상황이다. 그로 인해 산업투자 확대 및 국내기업에 대한 자본조달과의 연관성은 줄어들고 있다. 결국 국민연금기금의 금융시장 투자는 우리 사회의 질을 높이거나 구성원의 삶의 질을 향상시키는 데에는 기여하는 바가 없다고 하겠다. 우리 사회를 근본적으로 변화시켜 그 질을 높이고 국민연금의 사회적 지속성 또한 높이는 길은, 국민연금기금의 1/10이라도 사회적 수익 발생을 위한 투자에 우선 할당하는 것이다.

끝으로 노동, 가족, 주거 등 다양한 부문에 대한 발전적 정책 수립도 공적연금인 국민연금의 사회적 지속가능성을 높이는 데 이바지한다. 국가는 출생률, 경제활동참가율, 성장률 제고, 노동소득 분배 등의 개선, 더 늦은 은퇴와 더 건강한 노년 등을 국민연금의 재정을 장기적으로 안정화하는 필수 요소로 인식하고, 사회정책을 통해 이를 달성해 나갈 필요가 있다. 예를 들어 스웨덴, 프랑스 등 여러 나라의 출생률 변화 추이를 보면 가족정책 지출과 성평등 수준이 높을수록 출생률도 높아진다는 것을 알 수 있는데, 우리도 이를 개선하기 위한 노력을 꾸준히 해야 한다.

재정안정 방향:

② 재원 구성을 더 다양하고 풍부하게

*

현재 국민연금 재원은 거의 전부 보험료로 조달되고 있다. 국민연금 보험료는 생산연령인구의 노동소득에 부과되며, 보험료가 부과되는 노동소득은 전체 노동소득이 아니라 상한선 이하의 노동소득이다. 2024년 국민연금 보험료 부과소득 상한은 617만 원으로 그 이하 노동소득에 대해서만 보험료가 부과된다. 국민연금제도 도입 당시부터 지금까지는 보험료 수입이 연금지출을 넘어서고 있으므로 보험료만으로 재정을 조달하는 것이 문제시되지 않았다. 하지만 향후 보험료와 연기금 수익만으로 연금지출을 충당할 수 없게 되면 현재의 재정조달 방식을 다양하게 검토할 필요가 있다. 국민연금 재정안정에 대한 많은 논의가 보험료를 인상하자는 주장으로 귀결되고 있지만, 미래에도 국민연금의 재정균형을 모두 보험료 인상으로 달성해야 하는 것일까?

이러한 질문을 제기하는 데에는 몇 가지 이유가 있다. 하나는 현재 보험료가 부과되는 노동소득이 사회가 생산해내는 부의 일부에 불과하다는 것이다. 제5차 재정계산에 따르면 보험료 부과대상소득은 GDP의 30%에 미치지 못하는데, 이는 갈수록 낮아져서 2060년에는 25.9%로 저점에 이르고, 2080년대까지 27%를 넘지 못한다. 고령화로 GDP 중 연금지출 비중이 상당히 커질 수밖에 없는 시점에 보험료 부과대상소득의 비중은 더 낮아진다. 이는 우리 사회의 소득분배에서 노동소득 분배 전망이 밝지 않다는 것과 보험료를 부과하는 소득의 상한이 그다지 높지 않다는 것 등이 반영된 결과이다. 물론 정부의 재정추계에서는 미래 GDP 증가

연도	연금급여 지출	보험료 수입	기금 수익	수지 차	기금 규모
2023	1.7	2.6	1.9	2.7	41.9
2025	2.1	2.6	2.0	2.5	43.9
2030	2.7	2.6	2.1	2.0	47.4
2040	4.4	2.6	2.0	0.1	43.9
2050	6.3	2.5	0.9	-2.9	20.1
2053	6.7	2.4	0.4	-4.0	7.0

표9   국민연금 중기 재정 전망: 2023년 제5차 재정계산 결과 (단위: GDP 대비 %)
 1 위 추정결과는 소득대체율 40%로의 감소와 보험료 9%가 그대로 유지될 때를 가정한 것이다.
 2 제5차 재정계산 결과 수지적자는 2041년, 기금 소진은 2055년에 발생할 것으로 전망되었으며, 보장성 강화안(소득대체율 50%로의 인상과 보험료율 13%로 인상)은 수지적자 2047년, 기금 소진 2061년에 발생할 것으로 전망된다.
 3 정부 재정추계는 70년 기간에 대해 이루어지지만 사회경제적 변동성이 높고, 장기 추정이 가지는 불확실성이 지나치게 크다고 보아 30년 정도의 중기 전망만 제시하였다.

율도 낮게 전망되어 있다.

국민연금 지출이 GDP의 2% 내외일 때에는 보험료 부과대상소득 비중이 GDP의 25~27%라는 것이 큰 문제가 되지 않는다. 하지만 2053년경 GDP의 7%에 근접하고, 먼저 초고령사회에 진입한 복지국가들처럼 연금급여 지출이 GDP의 10%에 도달하면 이야기가 달라진다. 연금재정 확대를 보험료의 인상에만 의지하게 되면, 가계수입 대부분이 근로소득인 보통의 서민들은 과중한 보험료 부담을 지게 된다. 그 결과는 형평성에 부합하지도 않는다. 게다가 이들의 소비 여력도 줄어들어 경제순환에도 부정적인 영향을 미칠 것이다. 불필요한 세대 간 갈등도 유발된다. 보험료 부과기반 총액이 장기적으로 GDP의 30%에도 훨씬 미치지 못한다면 국민연금재정 기반을 노동소득으로 한정하는 것은 합리적이지도 않고 또 지속가능하지도 않다. 따라서 보험료 부과기반을 노동소득 이외의 소득으로 넓히고자 하는 접근이 필요하다.

미래 사회에는 가치 창출에서 노동이 차지하는 비중이 현재와는 달라질 것으로 예측되고 있다. 기술발전으로 인해 생산에서 로봇, 인공지능과 같은 기술의 역할이 커지면서 전체 소득 중 자본소득의 비중이 증가할 가능성이 크다. 이에 더해 인구 고령화로 생산연령인구 비중이 줄어드는 가운데 노동소득만으로 보험료를 부담하는 것은 지속가능하지도 않다. 생산구조와 소득분배에서 이러한 변화가 이루어질 가능성이 크므로 국민연금의 재정 기반을 노동소득 이외의 부문으로 넓힐 필요가 있다.[38] 즉 국민연금 보험료의 부과대상을 자본소득 및 자산소득으로 넓힐 필요가 있는 것이다.

이는 결국 보험료 부과대상소득을 넓히는 것에 그치지 않고, 국민연금 재정에 투입하는 일반조세의 비중을 늘리자는 주장으로 이어진다. 로봇세, 인공지능세 등을 부과하여 이를 국민연금을 비롯한 사회보장재정으

---

38 이러한 이유에서 미래에 조달해야 하는 국민연금 재정을 많은 언론에서 제시하는 것처럼 부과방식비용률 혹은 필요보험료율이란 지표로 제시하는 것은 문제가 있다. 부과방식비용률은 국민연금 지출을 현재와 같이 노동소득 617만 원 이하 부분에만 보험료를 부과하여 조달하는 것을 전제로 한 것이기 때문이다. 이에 연금지출 규모가 달라지지 않아도 국민연금 재원을 다양화한다면 부과방식비용률을 낮출 수 있다. 따라서 부과방식비용률은 미래 국민연금 재정 상황을 표현하는 데에는 불안정성이 큰 지표라고 할 수 있다. 미래 한국 사회의 역량 대비 연금재정의 소요를 보여주는 지표는 GDP 대비 지출비이다. GDP 대비 지출비는 재원 특성 등에 영향을 받지 않는 안정적 예측이 가능한 지표이다. 연금비용에 대한 국제적 비교 역시 GDP 대비 지출비를 통해 이루어진다.

로 투입하자는 것이 대표적이다. 지금은 한국뿐만 아니라 인류사 차원에서도 인구구조, 생애주기, 산업생산기술에 큰 변화가 발생하고 있는 시기이다.

요컨대 국민연금 재원은 생산연령대 가입자의 노동소득에 부과되는 보험료뿐만 아니라 자본소득, 자산소득 등에 부과되는 보험료나 일반조세 등으로 확대되어 더 풍부해질 필요가 있다. 벨기에, 프랑스, 독일, 일본 등 여러 나라 공적연금에서는 이미 부가가치세의 일부 혹은 자산소득, 법인소득 등에 부과되는 사회연대세 등의 형태로 이러한 변화가 진행되고 있다. 국민연금 재원을 다양하게 만드는 것은 재정 부담 주체를 생산연령인구로 한정하지 않고 노인을 포함한 다양한 연령대의 국민으로 확대하는 효과도 있다. 고령사회에서 국민연금 재원은 더욱 넓고 풍부해질 필요가 있다.

재정안정 방향:
③ 국가, 기업, 개인소득의 크기만큼 책임 나누기

*

국민연금 지출 규모가 커지는 국면에서는 국민연금 재정 책임을 고르게, 공평하게 하는 것이 더욱 중요하다. 전체 재정 규모가 커진다면 각 주체가 연금재정을 얼마만큼 부담하는지를 보여주는 절대량의 차이도 커진다. 여기에서 재정 부담의 공평함은 '부담 능력에 비례하는 부담'을 의미한다. 요컨대 지출 규모가 커질수록 노동자와 사용자, 여러 연령집단이 국민연금 재정 책임을 능력에 따라 공평하게 분담하는 것이 더 중요해진다는 말이다.

이렇게 능력에 따른 부담이라는 원칙을 따른다면 보험료 인상 과정에서 노동자와 사용자의 보험료 분담 비율을 현행 균등분담(5:5)에서 점차 사용자 분담 비율을 높이는 쪽으로 바꿔 갈 필요가 있다. OECD 평균으로 보아도 사용자와 노동자의 사회보험방식 공적연금의 보험료 분담 비율은 대체로 65:35로 사용자 분담 비율이 더 높다. 공적연금 보험료가 10%라면 사용자 보험료는 6.5%, 노동자 보험료는 3.5%가 된다. 앞서 말한 바와 같이 생산연령대 인구가 줄어들고 GDP 대비 노동소득 비중이 떨어질 가능성이 높다면 노사의 보험료 차등 부담은 재정구조를 안정화하는 데 필수적이다. 로봇 및 인공지능 사용을 통해 창출된 소득에 국민연금 재정 책임을 부과하는 것 역시 사용자 재정 책임을 늘리는 효과가 있다.

소득계층 간 재정 책임을 차등화한다는 면에서 노동소득 중 소득 상한 이상 부분에 대한 보험료 부과도 고려할 수 있다.[39] 월 617만 원 소득자와 월 1500만 원 소득자의 국민연금 보험료 부담이 같은 상황에서 이러한 변화는 고소득계층의 보험료 부담을 크게 늘리는 효과가 있다. 이는 '능력에 따른 부담'이라는 의미의 공평성 제고에 기여한다.

연금재정 책임을 세대 간에 더욱 공평하게 분담한다는 면에서도 생산연령대 인구가 집중적으로 부담하는 노동소득 외의 다양한 연령대가 얻는 금융소득을 비롯한 자산소득, 기술혁신의 수익으로 사회보장제도를 위한 과세 대상을 넓히는 것은 필요하다. 나이가 많아질수록 자산이 늘어나는 것이 보통의 국민이 생애 과정에서 겪는 현상이라면, 금융, 부동산

---

39   소득 상한 이상 부분에 대해 이루어지는 보험료 기여는 연금급여를 계산하는 데 반영하지 않는다는 것을 전제로 한다.

등 다양한 형태의 자산소득에 연금재정을 부담시키는 것은 노인 세대가 국민연금에 함께 재정적 기여를 하게 만들 수 있다. 자산소득세, 로봇세 등을 국민연금 재원으로 끌어들이는 것은 물론 계층 간 공평성에도 부합한다. 연금소득에 대한 과세 강화도 세대 간 재정 분담 면에서 유사한 효과를 갖지만, 연금소득보다 자산소득에 대한 보험료 부과가 능력에 따른 부담 원칙에 더 부합한다고 할 수 있다.

국민연금 재정안정을 위한 국가책임 강화[40]

*

공적연금의 재정안정을 논할 때 '국가'의 역할을 빼놓을 수 없다. 독일, 프랑스, 벨기에, 핀란드, 스웨덴 등 여러 나라에서 가난한 노인을 위한 최저 생계보장과 별개로, 국민연금과 같이 기여를 통해 급여를 받는 사회보험방식 연금에도 상당한 국고 지원이 이루어지는 것은 이 때문이다.

한국 국민연금이 장기적인 재정안정성을 확보하여 미래 연금지급을 보장하는 것은 가입자뿐만 아니라 국가의 책임이기도 하다.

국민연금 재정에 국가가 직접적인 책임을 갖는 것은 다음과 같은 이유 때문이다. 첫째, 공적연금제도를 설계하고 운영하는 주체는 국가로서, 국가는 공적연금의 재정안정을 달성하기 위해 약속한 연금을 지급할 책임

---

40 한국 국민연금제도에는 이미 출산크레딧, 군복무크레딧, 보험료 지원 등 국고 지원을 요하는 요소들이 들어가 있다. 출산과 군 복무 기간에 대해 일부 국민연금 보험료를 낸 것으로 간주해주는 크레딧과 저소득 가입자에게 보험료를 지원하면서 발생하는 급여지출은 그 재원을 국고 지원으로 마련할 수밖에 없다. 하지만 이 절에서 말하는 국민연금에 대한 국가재정 책임은 그 이상의 것으로, 급여지출과 기여 사이의 재정 균형을 확보하는 데 필요한 다양한 방식의 국고 지원을 말한다.

을 갖는다. 풀어서 말하면, 국민으로부터 권력을 위임받아 사회를 운영하는 국가는 국민에게 적정한 노후소득보장을 함으로써 사회권을 보장할 책임이 있다. 이를 위해 국가는 국민연금제도를 설계하고 관리·운영하는 만큼, 국민연금이 제 역할을 하며 지속되게 만들어야 한다. 더욱이 공적연금을 운영하는 발전된 자본주의 국가 대부분은 민간의 연금상품 운용사와는 다르게 파산 및 해체 위험이 거의 없고 이러한 책임성을 실현할 만한 재정동원 능력을 갖추고 있다.

둘째, 국민연금은 각자가 낸 만큼만 연금을 보장받는 제도가 아니라 소득재분배 요소(A값)가 강하게 들어가 있는 사회보장제도이다. 저소득계층은 기여한 것에 비해 상당한 추가적 노후소득보장을 받을 수 있다. 국민연금 계산식에 들어 있는 강력한 재분배 요소가 잘 작동하여 저소득계층에게도 적절한 수준의 노후소득보장이 이루어지는 데 따르는 재정 책임을 반드시 가입자들끼리만 나눠야 하는 것은 아니다. 노후소득보장의 책임 주체로서 국가도 이러한 재분배에서 일정한 역할을 맡는 것이 마땅하다. OECD 한국경제보고서(2022)도 이를 근거로 한국 국민연금에 대한 국가의 재정 책임이 강화될 필요가 있다고 언급하고 있다.

마지막으로 국민연금의 재정문제에서 상당 부분은 고령화로 인한 것인데, 이는 국가의 정책 실패와 무관하지 않다. 지금의 저출생·고령화 현상은 정부의 정책 실패에도 일부 원인이 있는 만큼, 저출생·고령화가 국민연금제도에 미치는 영향을 온전히 가입자들만의 역량으로 대응하게 하는 것은 도의에 어긋난다. 국가도 고령화의 결과를 함께 책임질 필요가 있다.

국민연금과 같은 사회보험재정의 최후 보루는 국가이다. 국민연금의 재정안정을 가입자가 내는 보험료 인상과 연기금의 위험자산 투자 확대를 통해서만 확보하려 하는 것은 공적연금에 대한 국가의 책무를 망각한 결과이다. 즉 국민연금의 재정안정을 논하기 위해서는 보험료율 인상과 연기금 고갈이 아니라 그에 대한 국가의 책임을 우선 논해야 한다.

사실 공적연금제도가 일정 규모 이상으로 커지면 제도운영자인 국가가 직접적인 재정 책임을 더 많이 지게 되는 것은 불가피하다. 독일, 프랑스, 핀란드, 스웨덴, 벨기에, 미국 등은 다양한 형태로 공적연금에 국고를 지원하는 중이며, 독일의 경우 가입자가 내는 연금보험료를 올리면 이듬해에 국가가 부담하는 국고 지원분도 연동하여 인상하도록 하고 있다. 2040년 이후 국민연금 수급자가 65세 이상 인구의 70%를 넘어설 것으로 전망되는 만큼, 국민연금에 대해 국고 지원을 한다고 해서 노인의 일부만 혜택을 본다고 할 수는 없다.

국가의 국민연금 국고 지원은 보험료 지원사업과 관리운영비의 극히 일부에 불과하다. 사실 관리운영비 대부분은 가입자가 부담하고 있다. 제도 운영에서 국가가 기본적인 책임도 다하지 않고 있는 것이다. 각종 크레딧에 대한 국고 부담은 아직 본격적으로 발생하지도 않았다.

정리하면 국민연금과 비슷한 형태의 기여식 공적연금에서도 국고 지원은 예외적인 것이 아니다. 여러 이유에서 국가의 국민연금재정에 대한 직접적인 책임은 타당하며, 오히려 국고 지원 없이 가입자들끼리만 보험료를 내서 재정 책임을 다하라고 하는 것은 지속가능하지도 않고 공평하지도 않다. 따라서 국민연금에 다양한 형태의 국고 지원을 늘려나감으로써 공적연금에 대한 더욱 공평하고 폭넓은 사회적 책임 구조를 만드는 것이 필요하다.

재정문제, 어떤 시야에서 어떤 속도로 대응해야 할까?

*

국민연금 재정추계는 향후 70년 동안의 한국 사회의 진행 양상을 예측하고 이에 기반하여 연금수입과 지출을 추정하는 것이다. 재정추계 시점마다 미래 사회 전망은 달라지고, 당연히 연금재정 장기 전망치도 5년마다 달라진다. 그래서 2050년 국민연금재정 전망은 2023년, 2018년, 2013년 모두 다르다.

그렇다면 70년 동안의 장기 연금재정추계 결과를 어떻게 바라보고 해석해야 할까? 출생과 사망, 경제성장, 고용, 임금, 연기금 운용수익 등 다양한 요소에 대한 70년짜리 예측에 기반한 추정을 마치 결정된 '사실'처럼 받아들이는 것은 매우 위험할 수 있다. 국민연금의 현재와 미래 재정 상태에 대한 정확한 판단을 가로막을 수 있기 때문이다. 그동안 한국 사회가 보여 온 큰 변동성을 볼 때 70년짜리 추계를 확정적인 것처럼 기술해서는 안 된다. 연금재정에 영향을 미치는 다양한 사회경제적 요소들은 특히 사회정책에 따라 장기적으로 변할 수 있다. 스웨덴, 프랑스, 네덜란드 등 여러 나라에서 출생률 및 여성고용률이 극적으로 변화한 것은 사회정책과 밀접하게 연관되어 있다.

이에 국민연금의 재정안정 방안은 장기 재정 전망을 참고하되, 불확실성을 줄이고 과학적 근거로 개입할 수 있는 향후 30년 정도의 시야에서 설계하는 것이 보다 합리적이다.

국민연금 재정안정 조치는 점진적이고 단계적으로 추진될 수밖에 없다. 한 번의 급진적 조치로 재정안정을 달성하는 것은 불가능하다. 국민연금 재정 상태는 인구구조 변화 등에 따라 몇 가지 국면으로 뚜렷이 구

국민연금 가치 선언

분된다는 것이 그 첫 번째 이유이다. 각 국면의 특성에 따라 적합한 재정 안정조치의 내용과 속도가 달라지는 것은 당연하다. 두 번째 이유는 국민의 연금재정 책임 증가로 인한 노후소득보장 혜택을 국민 스스로가 체감하는 데는 시간이 필요하다는 것이다. 주요 재정 부담 주체가 이를 수용하도록 하기 위한 설득 및 합의 과정이 필요하다. 세 번째 이유는, 각 단계에서의 재정 방안이 이전 단계에서 이루어진 재정 확충 조치의 경과와 사회경제적 조건 변화를 고려하여 내용과 속도를 조절해야 하기 때문이다. 성장, 고용, 분배의 변화, 노인빈곤 및 노후소득보장 추이, 건강보험과 장기요양보험 등의 지출 추이는 계속 달라지는데 연금재정안정 조치에도 이런 변화가 반영되어야 한다.

결국 단기부터 약 30년의 중기에 걸쳐 사회적으로 수용할 수 있는 연금재정 방안을 매번 재정추계마다 지속해서 모색하고 단계적으로 시행하는 것이 필요하다. 예를 들면 2019년 경제사회노동위원회 연금개혁특별위원회에서는 시민사회와 노동계가 합의하여 국민연금 소득대체율 45%와 보험료 12%를 제안한 바 있다. 당시 보험료의 9%에서 12%로의 인상 방안은 첫해에 1% 포인트만큼 인상한 후 매년 0.2% 포인트씩 인상하여 2030년 12%에 도달하는 점진적인 방안이었다.

국민연금의 재정안정은 다른 나라의 공적연금과는 달리 커다란 연기금의 존재를 고려하지 않을 수 없다. 연기금은 인구 고령화의 충격을 완화하는 완충기금으로 2030년부터 2070년대까지 빠르게 증가할 연금지출 부담을 완화하는 역할을 할 것이다. 즉, 연기금의 거대한 감소가 불가피하다. 이에 한국 경제에 부담을 주지 않는 형태로 연기금을 점차 줄여나가는 방안이 마련되어야만 한다. 그 사이에 보험료 인상과 부과 기반 확대 등이 이루어진다면 국민연금기금을 완충기금으로 활용하는 기간이 길어지고 연기금 규모가 예상보다 더 커질 것이므로 연기금이 지나치게 커져 생기는 부작용을 완화하는 방안도 역시 필요하다. 연기금의 사회투자는 그러한 방안 중 하나가 될 수 있다.

아울러 사회투자를 통해 출산률, 고용률, 건강 수준 향상 등과 같은 사회적 수익을 실현하는 것, 그리고 정년 연장 및 고령자 고용지원 등과 연계된 연금수급연령 조정 등도 점진적으로 추진하는 것이 불가피하다. 연금수급연령은 이미 2033년까지 65세로 늦춰지므로, 2033년 이후 추가 조정은 이전까지 이루어진 정책의 효과에 근거하여 추진될 필요가 있다. 특히 한국은 다른 나라와 달리 주된 일자리에서의 은퇴연령이 너무 낮다. 따라서 은퇴 이후 연금수급까지의 소득 공백 문제가 얼마나 완화되는지가 중요하다.

*

정리하면, 지금까지 국민연금 재정 방안 논의는 당장의 보험료 인상에 집중되어 있었다. 하지만 재정안정은 보험료 인상뿐만 아니라 보험료를 부과하는 재정 기반의 다양화, 국가책임 차원에서의 국고 지원 확대, 연기금 투자의 사회적 수익 실현 등 다양한 대응책을 단계적으로 구사함으로써 이루어 나갈 수 있다. 구체적으로는 국민연금의 재정 확충을 위한 보험료 인상, 재정 기반을 확대하기 위한 자산소득·매출 등 다양한 소득에 대한 재정 책임 부과, 보험료 부과소득 상한선을 초과하는 소득분에 대한 부담금 부과, 국고 지원 등은 단계마다 다양하게 조합될 수 있다.

또한 여러 나라에서 보험료를 인상할 때 가입자에게 보험료 인상 부담을 덜어주기 위해 세제 혜택과 국고 지원이 이루어진 사례는 공적연금 재

국민연금 가치 선언

정안정에서 특히 국가의 역할이 얼마나 중요한지를 잘 보여준다. 더욱 근본적으로는 출생률, 경제활동참가, 성장, 분배의 개선을 가져올 수 있는 사회의 질을 높이는 것도 중요하다. 장기적으로 사회의 질을 바꿔냄으로써 국민연금의 재정안정을 달성하는 것은 불가능하지 않을뿐더러 필수적인 일이다. 마지막으로 국민연금의 재정안정을 도모하는 과정에서 '능력에 따른 부담이란 공평성의 원칙'을 구현하는 것도 중요하다.

2007년 연금개혁의 계획대로 2028년까지 40%까지 낮아질 소득대체율 대신, 이를 50%로 회복시켜 보장성을 높여도 국민연금 지출 수준은 2030년 GDP의 2.7%, 2050년에는 GDP의 6.7%, 가장 지출 수준이 높은 시기에도 GDP의 10% 내외로 추정된다.[41] 이미 많은 나라들의 연금지출이 GDP의 10%를 넘어섰다는 점을 고려한다면, 지금으로부터 40~50년 후 이 정도의 국민연금 지출을 감당할 수 없다고 말하기는 어렵다.

보장성을 낮추는 축소 지향적 연금개혁을 통해 재정적 지속성을 달성하기는 어렵다. 보험료 인상 일변도의 접근은 연금재정 문제에서는 굴러내리는 바위를 끊임없이 밀어 올리는 시시포스의 수고와도 같다. 연금재정의 불안정성 이면에 있는 저출생, 고용, 성장, 분배의 문제와 우리 사회의 삶의 질 문제를 근본적으로 해결하지 못한다면 사회적 고통은 지속되고 바위의 무게는 더욱 무거워질 뿐이다. 노후소득보장의 축소는 우리 사회를 더욱 절망적으로 만든다. 사회의 질 저하와 보장성 축소의 악순환이 발생하는 것이다. 연금재정의 사회적 지속가능성 기반을 확충하는 것이

---

41 소득대체율 40%와 50%일 때의 국민연금 지출의 GDP 대비 비율은 제5차 재정계산의 추정치이다(171쪽 〈표9〉 참고). 제5차 재정계산의 경우 수지적자는 2041년, 기금 소진은 2055년에 발생할 것으로 전망되었으며 보장성 강화안(소득대체율 50%와 보험료 13%로의 조정안)은 수지적자가 2047년, 기금 소진은 2061년에 발생할 것으로 추정되었다.

필요하다. 즉, 사회의 질을 높이는 것, 사회를 바꾸는 것은 경사진 언덕을 평평하게 만드는 것과 같다. 이는 바위 하나를 밀어 올리는 것보다 훨씬 규모가 큰 작업이다. 그러나 연금재정의 안정성 문제를 해결하는 주체는 시시포스 한 사람이 아니라 우리 공동체이다. 사회구성원이 힘을 합친다면 언덕의 경사를 바꾸는 것은 불가능한 일이 아니다. 이대로라면 굴러내리는 바위의 무게는 더욱 커지고 시시포스는 허약해진다. 언덕의 경사 자체를 바꾸는 것이 우리에게 필요한 진짜 대안이다.

2 공동체를 위한 연기금 투자 방향

금융자산이 아닌 사람과 사회에 투자해야 하는 이유

*

경기도 오산에 사는 박미령(가명·55세) 씨는 17년 차 보험설계사다. 대학교 2·4학년 두 아들의 학비를 대면서 고령의 어머니(99세)도 부양하려면 일을 그만둘 수 없다. 아들 1명당 한 학기 등록금은 420만 원, 용돈은 매달 50만 원씩 든다. 지난해부터 거동이 불편해진 어머니를 위해 매달 70만 원씩 썼다. 친언니가 일을 그만두고 어머니를 돌보기로 하면서 남은 형제자매가 각출해 생활비와 간병비를 댔기 때문이다. 소규모 공장을 운영하는 남편과 열심히 맞벌이를 하고 있지만 노후 대비를 위해 저축을 하기엔 빠듯한 형편이다. 박 씨는 "남편 공장을 지으면서 대출도 잔뜩 받은 상황"이라며 "남편이 몸을 주로 쓰는 엔지니어여서 언제까지 일할 수 있을지 몰라 현재 수준으로 계속 버는 게 가능할지 걱정스럽다"고 말했다(중앙일보, 2023.1.25).

국민연금 가치 선언

박미령 씨 가족의 모습과 우리가 사는 모습은 비슷할 것이다. 한국 사회를 각자도생으로 몰아온 신자유주의 시대의 조치들로 우리는 의지할 수 있는 것들을 잃어가며 살아가고 있는지도 모른다. 가족을 일구고 살아온 5060세대는 은퇴 계획을 할 수 없을 정도로 짊어진 짐이 무겁고, 2030세대에게는 쉽사리 기회의 문이 열리지 않고 있다. 이러한 모습이 자유주의자들의 주장처럼 과연 개인 선택의 결과로만 볼 수 있을까?

노력하며 살아온 이전 세대가 여전히 적정한 삶을 누리기보다 생계로 허덕이는 모습을 보면서, 또 부모의 헌신으로 대학교까지 마쳤지만 기회를 열어주지 않는 사회를 체감하면서, 우리 시대 청년들이 아이를 낳지 않는 건 어찌 보면 당연하게 느껴지기도 한다. 마찬가지로 5060세대가 자녀들의 결혼과 출산에 대해 강요할 수 없는 이유는, 예전과 다르게 가족을 구성하고 지키는 일이 어려워졌기 때문일 것이다. 우리가 겪는 내홍은 결코 개인의 능력이나 성향, 선택의 문제라고 볼 수 없다. 늦은 감은 있지만, 변화를 위한 자원이 존재하는 한 사람들이 '좋은 삶'을 꿈꾸고 실현할 수 있도록 사회는 노력해야 한다.

초저출생·초고령사회는 노인에 대한 거대한 부양비용을 예고하고 있다. 이에 세대 갈등을 내세우면서 후세대의 부담을 줄이기 위해서는 국민연금의 기능을 축소하는 것이 필요하고 이를 세대 간 형평성을 실현하는 길이라고 주장하는 사람들도 있다. 그러나 이러한 주장은 박미령 씨 부부처럼 가족을 위해 사회구성원으로서 본분을 다해 온 사람들의 노후소득을 박탈하는 것이기도 하다. 만약 국민연금의 기능을 축소한다면, 부모의 노후소득 감소분이 고스란히 박미령 씨 자녀들의 부담으로 전가될 수밖에 없다. 사회적으로 호명되는 청년들은 그들의 보험료 부담을 낮추기 위해 연금급여를 축소하는 것을 세대 간 형평이라고 생각하도록 강요받고 있다. 그런데 축소되는 것은 부모에 대한 개인의 부양 부담만이 아니라 청년 세대의 노후소득이기도 하기 때문에, 모든 세대의 노후가 위태로워질지도 모를 일이다. 박미령 씨가 부모에 대한 부양뿐만 아니라 자신의 노후까지 책임져야 하는 이중부담은 국민연금을 통해 변화시킬 수 있다.

국민연금이 세대 간 연대를 기반으로 노령층에 대해 적정 수준의 국민연금을 약속할 수 있다면, 개인에게 가해지는 이중부담을 사회적 부양으로 변화시킬 수 있다. 이러한 사회적 부양이 지속되기 위해서는 연금급여축소가 아닌 초저출생을 반등시키는 것이 필요하다. 이것을 위해 연기금을 금융시장이 아니라 사람에게 투자해서 삶의 질을 향상시켜야 한다. 사람들이 살 만한 사회가 지속될 때 국민연금도 제 기능을 할 수 있고, 그것을 가능하게 하는 출발은 바로 사람에 대한 투자이다. 우리에게는 그것을 가능하게 할 수 있는 1000조를 넘긴 연기금이 있다. 이제는 연기금을 고갈될 자원이 아니라 새로운 미래를 준비할 수 있는 사회적 자원으로 바라봐야 할 때이다.

투자를 권유하는 세상에서 공적연기금 고유의 길을 잃다

*

1997년 경제위기를 계기로 한국 금융시장은 지구적 금융시장의 질서에 편입되면서 주식과 채권에 대한 직접투자가 가능해졌고, 이러한 시장의 변화는 시민들의 삶에도 커다란 변화를 가져왔다. 저축 중심으로 자산을 형성하던 시대는 저물고, 주식과 펀드 중심의 개인투자가 증가하면서 투자행위는 친숙한 것이 되었다. 특히 코로나 시기 크게 주목받은 비트코인

국민연금 가치 선언

은 청년층의 관심까지 불러일으키며 '투자'라는 행위를 전인구적인 것으로 만들었다. 그러나 이러한 투자 열풍은 노동소득만으로 감당할 수 없는 엄청난 집값과 미래에 대한 불안으로부터 비롯됐다고 볼 수도 있다. 구제금융 시기에도 사라지지 않았던 노동을 통한 가족 부양이라는 삶의 형태는 신자유주의가 사회 전반을 지배한 이후 요원한 꿈이 되었다. 지난 40여 년간 금융 중심으로 자본주의가 발전해 오면서, 임금과 사회복지급여social wage는 실질가치 측면에서 하락했지만, 금융시장의 자산가치는 성장해 왔다. 즉 노동력의 가치보다 금융자산의 가치가 터무니없이 상승한 것이다. 그렇다면 전 사회구성원의 소득 중 일부분을 거둬서 마련한 노후소득자금을 금융시장에 투자한다는 것은 무엇을 의미하는가?

그 의미를 찾기 위해서는 우선 어떻게 그 많은 국민연금 적립금이 만들어졌는지를 살펴봐야 한다. 1988년 국민연금제도가 시행된 이래 가입자의 보험료로 거둬들인 재정 규모는 781.9조 원, 이렇게 거둔 재원에서 연금급여로 지급한 규모는 329.4조 원이다. 아직까지는 보험료 수입이 연금급여 지급으로 지출되는 규모보다 큰 시기로, 연금급여 지급 이외에 남는 여유자금을 운용해서 531.7조 원의 수익금을 얻었다(2023년 9월 말 기준). 이렇게 볼 때, 지난 35년간 여유자금으로 얻은 수익금의 규모가 연금급여로 지급한 지출 규모보다 크기 때문에 시간이 지날수록 연기금에 대한 적극적인 금융투자는 뿌리치기 힘든 유혹이 되기도 했다.

연기금은 보통 연금보험료와 운용수익금을 합산한 규모에서 지출인 연금급여와 관리운영비 등을 빼고 남은 조성금을 의미한다. 국민연금기금은 2023년 말을 기점으로 100조 원을 돌파했고,[42] GDP 대비 공적연기금의 규모가 가장 큰 국가라는 지위를 독보적으로 유지하고 있다.[43] 공적

연금보험료 등
781.9조 원
−
연금급여 등 지출
329.4조 원
+
운용수익금
531.7조 원
=
기금적립금
984.2조 원

그림6   연기금 적립금의 원천과 규모 (2023년 9월 기준)

연금의 제도 운영을 위해서 적립금을 마련하는 것은 결코 일반적이지 않다. 공적연금은 심각한 경제위기 등 다양한 사회적 충격에 대비한 완충기금만으로도 제도를 운영할 수 있다. 그러나 앞서 살펴본 바와 같이 세계 금융시장의 판돈을 위해 '공적연금의 기금화'를 세계은행이나 IMF와 같은 국제기구가 주도하면서 일부 국가에서 적립방식이 강화되었고, 한국은 가장 충실하게 적립금을 쌓아서 세계 금융시장에 판돈을 대고 있다. 국민연금은 1000조 원을 가지고 있지만, 사람에게 투자하지 않고 수익률 창출을 위해 금융시장에 고스란히 '투자'하고 있다.

국민연금기금의 '투자'에 대해서 이상하다고 여길 사람이 많지 않을 수도 있다. 누구나 종잣돈을 모아 투자해야 하는 시대에 살고 있으니, 거대한 기금을 투자하지 않는다면 오히려 이상하게 보일 것이다. 그러나 국

---

42   국민연금기금은 2003년 100조 원, 2007년 200조 원, 2010년 300조 원, 2013년 400조 원, 2015년 500조 원, 2017년 600조 원, 2019년 700조 원, 2020년 800조 원, 2021년 900조 원, 그리고 2023년 말 1000조 원을 돌파하였다.

43   2020년 기준으로 GDP 대비 공적연금 규모는 한국 45.1%, 핀란드 33.6%, 일본 33.0%, 스웨덴 31.8%, 캐나다 25.6%, 뉴질랜드 13.5%, 미국 13.4%, 포르투갈 8.5%, 호주 8.2%, 노르웨이 7.5%, 프랑스 6.7%, 스위스 6.2%, 이탈리아 5.4%, 칠레 4.4%, 영국 1.8%, 독일 1.2%, 스페인 0.2%(OECD, 2021)이다. 기금의 규모 차원에서도 세계 연금기금 중 3위를 차지할 만큼 한국의 공적연금은 거대하다(Willis Towers Watson, 2023.9.11).

민연금기금의 성격에 대해 냉정하게 생각해보자. 개인투자자가 투자 위험을 감수하면서 투자하는 것과 대다수 사회구성원의 기여로 조성된 공적연기금을 투자하는 것은 그 목적과 부대 외부효과, 그리고 위험 수준이 완전히 다르다. 일반적으로 투자에 대한 책임은 투자 당사자가 지게 된다. 반면 국민연금기금의 경우 투자는 '국민연금기금운용본부'가 대리하고, 그 결과는 가입자들이 감당해야 하는 '대리인 구조'이다. 이제 이 국민연금의 투자방식에 대해 좀 더 자세히 살펴보자.

연기금의 금융자산에 대한 투자방식과 경향

*

세계은행은 2004년 「공적연금기금운영Public Pension Fund Management」 보고서를 통해 공적연금의 수탁자인 정부는 별도의 자기 이해관계와 정치적 목표를 가진다고 비판했다. 이 보고서는 공적연금기금을 운용하면서 발생하는 위험 중 정치적 위험을 중대한 문제로 다루면서, 금융전문가에 의한 기금운용이 바람직하다고 권고하고 있다. 여기서 말하는 금융전문가란 은행, 증권회사, 펀드업체 등의 금융시장에 종사하는 이들로 펀드 매니저, 증권사 직원, 애널리스트, 선물거래 중개인 등이 속한다. 세계은행의 주장은 일부 타당한 내용도 있으나, 전체적으로 볼 때 관점이 불균형하다. 왜냐하면 기금운용자로서의 정부에 대한 비판적 입장과 달리, 시장의 금융전문가가 갖는 '이해관계'에 대해서는 지나치게 낙관적이고 중립적인 태도를 취하고 있기 때문이다. 수익률이 동기가 되는 직업 집단으로부터 발생하는 위험이 과연 정부로부터 발생하는 위험보다 안전하다고 할 수 있을까? 만약 세계은행의 논리대로라면 2008년 금융위기나 한국에서 벌어

		2001	2011	2021	2023.8	증감	투자비중 (2023기준)
채권	국내	85.8	64.1	35.9	31.7	-32.4	38.9
	해외	0.0	4.2	6.8	7.2	+7.2	
주식	국내	10.5	17.9	17.5	14.3	+3.8	44.7
	해외	0.0	5.7	27.1	30.4	+30.4	
대체투자		0.0	7.8	12.6	16.1	+16.1	16.1

표10 국민연금기금 자산별 비중 변화 (단위: %)

진 수많은 주가조작 사건 등은 어떻게 설명할 수 있을까?

신자유주의의 확산을 배경으로 금융전문가들에 의한 연기금 운용은 확대되었다. 이들은 공적연금과 사연금의 운영방식을 크게 구분하지 않으면서, 적립금 운용에 따른 수익률 창출을 연금제도의 목표인 양 취급해 왔다. 더욱이 수익률 극대화를 통한 급여 보장이라는 왜곡된 가설은 고령화 사회를 근거로 강화되고 있다.

1997년 경제위기 이후 IMF의 요청대로 한국의 금융시장은 구조개혁을 단행했고, 세계 금융시장으로 편입되었다. 1999년 국민연금기금운용본부가 설립되었고, 2000년 이후부터는 세계은행의 권고대로 국민연금기금이 금융시장에서 더 적극적으로 운용되었다. 국민연금기금은 투자전문가들에 의해 주식, 채권, 대체투자라는 포트폴리오[44]로 국내뿐만 아

---

44 국민연금기금 포트폴리오는 크게 공공부문, 복지부문, 금융부문으로 구성되지만, 공공부문 투자는 전무하고 복지부문은 212억 원 규모로 비율상 0%로 표기할 수 있을 정도로 적다.

국민연금 가치 선언

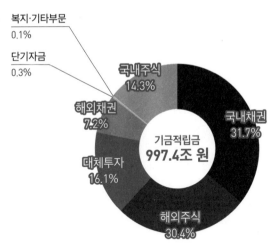

기금 포트폴리오 997.4조 원 (2023년 8월 말 기준)		
금융부문	996.6조 원	99.9%
국내주식	142.5조 원	14.3%
국내채권	316.7조 원	31.7%
해외주식	302.9조 원	30.4%
해외채권	71.5조 원	7.2%
대체투자	160.2조 원	16.1%
단기자금	2.9조 원	0.3%
복지·기타부문	0.8조 원	0.1%

그림7   2023년 말 국민연금기금 자산 포트폴리오 구성도

니라 해외에서도 운용되고 있다. 국민연금기금은 전통적으로 안전자산으로 분류됐던 채권에만 투자되다가 서서히 국내주식을 시작으로 하여 점차 위험자산으로 그 투자 범위가 확장되었고, 국내경제에 미치는 영향과 수익률을 고려해서 해외투자와 대체투자에도 적극 나서고 있다.

국내 채권투자는 22년 동안 투자 비중을 32.4% 포인트나 낮췄고, 해외 채권투자는 7.2% 포인트 높였지만, 투자자산 비중에서 채권투자 비중은 85.8%에서 38.9%로 낮아졌다. 반면 주식투자는 국내투자에서 해외투자로 전략이 바뀌면서 국내주식에 대해서는 3.8% 포인트 늘어난 반면, 해외주식에 대해서는 30% 포인트 넘게 증가하였고, 주식투자 비중은 44.7%로 전체 자산투자 비중에서 그 비율이 가장 높다. 그리고 채권과 주식 이외에 모든 투자가 가능한 대체투자는 수익률 극대화 전략으로 수용되면서 10여 년 동안 16% 포인트가 넘는 성장세를 보였다.

금융자산 투자는 왜 문제인가?

*

금융자산에 99.9%를 투자하는 연기금은 공공의 기능을 담당해야 하는 공적연금의 성격과 어떻게 모순되는지 살펴보자. 첫째, 투자의 혜택이 가입자인 국민 전체에게 돌아가기보다는 몇몇 특정 집단에 기금투자의 혜택이 집중되는 비대칭적인 자산 순환이 발생한다. 연기금은 가입자 모두의 기여로 형성되었지만, 주식투자를 통해 일부 기업 집단으로 부가 집중되는 문제가 발생하였으며, 이는 기업 가치에도 영향을 미친다. 2022년 말 기준으로 국내주식투자 상위 10개 종목은 〈표11〉과 같다.

삼성전자를 비롯한 국내 굴지의 대기업에 상당 규모의 연기금이 투자되고 있음을 〈표11〉을 통해 확인할 수 있을 것이다. 더욱이 주식별 지분율은 많게는 9%를 넘기며 국민연금기금이 대주주가 되기도 한다. 이러한 주식투자는 해당 사기업에 혜택을 주는 반면, 코스닥과 나스닥에 상장되지 않은 다수의 중소기업이나 하청업체, 그리고 자영업자에게는 연기금 기여에만 참여하게 하고 주식투자에서는 배제하여 비대칭적인 자산 순환이 일어나게 만든다.

비상장사 기업의 노동자들이 주식이나 주식형 펀드에 투자해서 수익을 볼 수도 있지만, 산업에 대한 직접적인 금융 지원의 차원에서 '부의 왜곡'이 발생하고 있는 것이다. 또한 보험료 납부자들은 연기금운용을 통해 국내기업에 투자하는 형국이지만, 정작 그 수익은 가입자에게 직접 돌

국민연금 가치 선언

번호	종목명	평가액	자산군 내 비중	지분율
1	삼성전자	248,521	20.0%	7.5%
2	LG에너지솔루션	54,757	4.4%	5.4%
3	삼성바이오로직스	39,620	3.2%	6.8%
4	SK하이닉스	39,288	3.2%	7.2%
5	삼성SDI	32,126	2.6%	7.9%
6	LG화학	31,578	2.6%	7.5%
7	NAVER	24,627	2.0%	8.5%
8	현대차	22,550	1.8%	7.0%
9	POSCO홀딩스	21,328	1.7%	9.1%
10	셀트리온	17,204	1.4%	7.6%

표11 국민연금기금 국내주식 top10 투자 종목 (단위: 억 원)

아가지 않는다. 결과적으로 투자의 측면에서 빈익빈 부익부 현상은 지속
된다.

둘째, 금융투자에서 자산가치는 창출된 실제 수익금이 아니라 평가가
치이고, 시장은 그 속성상 이 가치를 극대화하려 하기 때문에 결과적으로
자산의 실제 가치를 파악하는 것은 매우 어렵다. 즉 금융부문에서 공시하
는 수익률은 실현된 수익금에 기초한 것이 아니라, 보유 자산의 평가액으
로 나타나는 '시가평가액'이다. 그런데 연금급여를 위해 투자자산을 언젠
가는 현금으로 유동화해야 하는데, 이때 시가평가액과 같은 자산가치가
실현된다고 볼 수 없다. 시가평가로 산정되는 시장가치는 매매 기준 시점
에 따라 달라진다. 정기적으로 창출되는 배당이나 채권 이자도 시가평가

를 재평가해서 산정되므로 금융부문의 규모만 커지는 상황이 반복되기도 한다.

그러나 무엇보다 중요한 점은 급여 지급을 위해 자산 유동화 규모가 커질 때, 현재 자산 평가액이 유지되기 어렵다는 것이다. 그래서 국내주식에서 해외주식으로 투자 비중을 높이는 이유 중 하나가 자칫 시장 전체에 가해질지도 모를 충격을 완화하기 위해서였다. 그러나 이러한 투자 다변화가 진행되더라도 남는 문제는 자산가치 하락에 대한 대책이 마련되기 어렵다는 점이다. 그런데 이러한 불확실성에 대한 준비도 없이 매도를 적게 하면서 적립금을 영구화하자는 논의가 제5차 재정계산위원회 보고서에 담겨 있다.

이러한 분위기를 고조시키는 재정중심론은 연기금의 규모를 키우는 것과 안정적인 노후소득이 연결된다고 보고, 수익률 제고를 위한 노력을 강조한다. 이에 기금의 규모를 유지하고 키우기 위해 당장 상당 수준으로 보험료를 올려야 한다고 주장한다. 하지만 집합적 제도인 사회보험의 속성을 고려하지 않은 채 일반 투자처럼 수익률에만 집중하도록 하자는 것은 연기금의 사회적 역할을 완벽히 무시하는 주장이다. 연기금의 규모를 유지하고 확대하기 위해 안전장치도 없이 투자에 매달리는 정책이 우리의 미래를 불안하게 만들 것이라는 사실에 대해서는 누구도 얘기하지 않고 있다.

셋째, 금융자산에만 투자한 결과 사회의 지속가능성을 위한 투자, 예를 들어 ESG 투자[45] 등에 대해 소극적이 될 수밖에 없다. 기업의 경영 논리와 다름없이 공적연금이 투자된다면, 기금의 사회적 기능은 되살리기 어렵다. 이와 같은 상황을 개선하기 위해 도입된 스튜어드십 코드Stewardship code[46]는 이를 '연기금 사회주의'로 몰아붙이는 한국 자본과 그에 부화뇌동하는 금융전문가들의 공세 앞에 무력화되기 일쑤이다.[47] 탄소를 배출하는 기업보다는 탄소중립을 지향하는 기업이나 재생에너지를 생산하는 기업에 대한 투자가 어느 때보다 중요하지만, 수익률을 중심으로 판단할 때 이러한 투자들은 우선순위에서 밀리게 된다. 더욱이 국민연금기금운용위원회가 만약 가입자의 대표자가 아닌 금융전문가들로 재편된다면, ESG는 그저 문구로만 남게 될 가능성이 상당히 크다.

연기금 투자 결정에 영향을 미치는 사람들

*

앞서 말한 바와 같이 국민연금은 가입자들이 직접투자를 결정하지 못하

---

45 ESG는 환경Environmental, 사회Social, 지배구조Governance의 영문 첫 글자를 조합한 단어로, 기업 경영에서 지속가능성을 달성하기 위한 3가지 핵심 요소를 의미한다. 환경 요소에는 기후변화와 탄소배출, 환경오염 및 환경규제, 생태계와 생물 다양성에 대한 고려가 포함된다. 사회요소에는 데이터 보호와 프라이버시, 인권, 젠더평등 및 다양성, 지역사회 관계에 대한 고려가, 그리고 지배구조요소에는 이사회 및 감사회 구성, 뇌물 및 반부패, 기업윤리 실천을 위한 노력이 포함된다. 이에 ESG는 투자의사결정과 장기적인 재무적 가치에 영향을 미칠 수 있는 중요한 비재무적 의미를 갖는다.

46 기관투자자가 기업경영 참여를 도모하기 위해 마련한 행위지침으로, 2010년 영국에서 최초 도입되었다. 도입 이후 기관투자자의 주주총회에서 의결권 행사나 중점관리사안(배임이나 횡령 등)에 대한 주주권 행사, 기업가치 훼손 이슈에 대한 주주활동, 그리고 손해배상 소송 제기 등이 강화된 바 있다. 한국에는 2016년 도입되었다.

47 사회적으로 가장 이슈가 됐던 국민연금의 주주권 행사는 2019년 3월 27일 대한항공 주주총회에서 한진그룹 조양호 회장의 사내이사 연임을 좌절시키는 데 역할을 한 것이다. 당시 국민연금은 대한항공 전체 주식의 11.56%를 보유한 2대 주주였고, 스튜어트십 코드에 입각해 주주권을 발동하여 조양호 회장의 연임을 반대했다. 이는 외국인과 기관투자자, 소액주주들에게 영향을 미쳐 조양호 회장의 연임을 좌절시킨 것이었다. '땅콩회항 사건' 이후 조씨 일가에 비판적이었던 여론이 대주주인 국민연금의 주주권 발동을 주목하게 되면서 스튜어트십 코드가 기능할 수 있었던 것으로 보인다. 그러나 그 후 사회적인 관심을 모을 만한 국민연금의 주주활동은 발견되지 않는다.

므로 대리인 문제가 발생한다. 연기금을 맡긴 가입자들은 위탁자가 되고, 연기금을 관리·운용하는 국민연금기금운용본부는 수탁자가 된다. 위탁자는 신탁계약을 바탕으로 수탁자에게 연기금을 맡기지만, 국민연금기금운용본부를 감시하거나 기금운용에 관한 의사결정에 참여하기 어려운 문제가 생긴다. 이에 가입자들의 이해관계를 반영하기 위해 가입자들을 대표하는 사람들이 참여하는 국민연금기금 의사결정을 위한 지배구조가 마련되었다.

국민연금기금운용위원회(이하, 기금위)는 국민연금기금의 운용과 관리를 위한 최고 의사결정기구이다. 보건복지부 장관을 위원장으로 두고, 5명의 당연직 위원과 14명의 위촉위원으로 구성된다.[48] 기금위 당연직 위원으로 기획재정부 차관, 농림축산식품부 차관, 산업통상자원부 차관, 고용노동부 차관, 국민연금공단 이사장과 같은 행정부 및 공단 인사가 5명 참여한다. 14명의 위촉위원 중 12명은 가입자 대표의 몫으로 두고, 사용자 단체가 3명, 노동조합 연합단체가 3명, 지역가입자의 농어업인 단체가 2명, 자영업자 단체가 2명, 소비자단체 및 시민단체가 2명을 각각 추천한다. 다만 가입자 현황에서 보이듯이, 국민연금 가입자 2158만 명 중 사업장가입자의 비율이 66.3%이고, 지역가입자 비율이 31.9%(임의가입자 제외)라는 점을 고려한다면, 사업장가입자와 지역가입자 대표 비율이 동수라는 것은 지나치게 도식적이라는 느낌을 준다. 특히 노동자를 대표하는 비율이 적정한지에 대한 재고가 필요할 것이다. 남은 2명의 위촉위원은

---

48 국민연금기금운용위원회는 가입자의 대표성을 상징하는 기구이므로, 전문성을 지원하기 위해서 사전 심의기구인 실무평가위원회를 둔다. 또한 기금운용에 대한 가입자의 전문적인 참여를 확대하기 위해 투자정책 전문위원회, 수탁자책임 전문위원회, 위험관리성과보상 전문위원회와 같은 세 가지 전문위원회도 설치되어 있다.

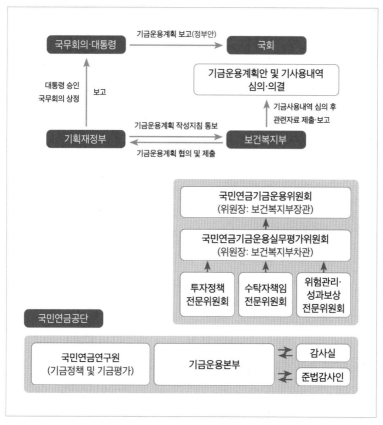

그림8　국민연금기금 의사결정 지배구조와 운용체계

정부가 추천하는 국민연금 전문가들이다.

　이러한 구조에서 가입자의 실질적인 이해가 대표되기란 쉽지 않다. 민감도가 높은 사안이 등장할 때 정부 인사와 정부 추천 인사, 그리고 특정 가입자 대표가 해당 사안에 대해 같은 목소리를 내는 다수파가 되는 경우가 많기 때문이다. 그런데 이 다수파는 가입자의 이해보다는 다른 변수를 먼저 고려하기도 한다.

그리고 특정 정권의 정치적 입장이 위원회 운영에 개입할 여지가 매우 많다. 우선 개별 단체들이 추천하는 가입자 대표를 최종 위촉하는 것은 보건복지부의 권한이다. 나아가 이 권한을 적극적으로 행사하여 가입자 단체[49] 자체를 바꿀 수도 있다. 급기야 2023년에는 보건복지부가 기금운용위원을 일방적으로 해촉하는 사태까지 벌어졌다. 주주권과 의결권 행사 방향을 결정하는 '수탁자책임 전문위원회'의 위원 구성을 변경하는 안건'에 대해 합의에 이르지 못한 것이 사건의 발단이었다. 이 안건은 수탁자책임 전문위원회의 비상근 전문위원 6명 중 3명을 금융투자업계 관계자로 변경하려는 운영 규정 개정을 담고 있었다. 노동계 대표들은 금융투자업계 전문가가 위원의 절반을 차지할 경우, 국민연금 보유 주식에 대한 주주권과 의결권 행사에서 정부와 재계 영향력이 커질 것을 우려해 이 안건에 반대했다. 그런데 위원장인 보건복지부 장관은 합의가 아닌 표결로 의결 처리를 강행했다. 이에 민주노총 추천 위원이 표결 처리에 대해 항의하였고, 이를 두고 보건복지부는 회의 진행을 방해하고 위원회의 품위를 손상시켰다는 이유로 해당 위원을 해촉하였다. 이후로 민주노총 추천 위원 자리는 공석이 되었고, 보건복지부는 아직까지 이를 채우지 않고 있다.

---

49 2023년 기준 사용자 대표 단체는 한국경영자총연합회, 대한상공회의소, 중소기업중앙회로 이전 정부 시기와 같고, 노동자 대표 단체는 한국노총, 공공노조연맹, 그리고 한 자리는 공석인 상태이다. 지역가입자 대표 단체로는 농협중앙회, 수협중앙회, 한국공인회계사회, 소상공인연합회, 한국소비자단체협의회, 바른사회시민회의가 있다. 단체별로 가입자의 대표성을 어느 정도 담보할 수 있는지, 위원회의 논의 내용에 대해서 가입자들과 얼마나 소통 가능한지 등에 대한 내밀한 검토가 필요하다.

2023년 10월 제출된 국민연금 제5차 재정계산위원회 보고서는 적립금 유지를 재정안정의 주요방안[50]으로 제시하면서 공적연금에서 시행된 바 없는 연기금에 대한 영구적인 존속을 주장하였다. 이를 위해 수익 극대화가 요구되는데, 기금위의 위촉위원 전원을 가입자 대표 대신 금융전문가로 대체하는 지배구조 변화를 그 방안 중 하나로 제시하고 있다(국민연금 재정계산위원회, 2023: 79).

위험자산보다 실물자산인 '사람'에게 투자하기

*

현재와 같이 연기금을 금융자산에 집중적으로 투자하면, 수익률이 커져도 이는 실현된 가치가 아니라 시가평가액, 즉 평가된 가치란 점을 잊지 말자. 국민연금이 위험자산에 대한 투자와 해외투자 비중을 계속 늘려가려는 것은 바로 이 수익률 확대가 목적이다. 그러나 초저출생인 한국 사회에서 국내총생산에 영향을 미치지 않는 투자의 위험성은 면밀하게 검토되지 않았다.

경제학자 바르는 개방경제에서 해외투자가 성공하기 위한 세 가지 조건을 제시했다. 첫째, 투자받게 될 송신국이 투자국인 송출국보다 젊은 노동력이 많아야 한다. 둘째, 송신국이 충분한 경제적 능력(적절한 기술력을 갖춘 노동력), 경제적 안정(무역이 안정적으로 지속될 수 있는 것), 정치적 안정(재산권이 존중받는 것)이 필요하다. 셋째, 송신국 규모가 송출국의 규모와 대체로 일치해야 한다(Barr, N., 2021: 8). 그러나 연기금의 해외투자

---

50 윤석열 대통령도 수익률 제고를 재정안정 방안처럼 취급한 바 있다(연합뉴스, 2023.3.6).

는 금융시장의 수익 논리를 우선시하기 때문에 바르의 조건은 검토되지 못했다. 더욱이 2030년부터 보험료 수입보다 급여지출이 더 커지면서 금융자산을 현금화하는 유동화가 실현된다. 이 과정에서 자산가치 하락을 방어할 수 있는 수단은 사실상 없다. 예를 들어 투자한 부동산이나 주식을 팔아야 할 때, 부동산과 주식의 가치는 나의 필요가 아닌 시장의 상황에 달려 있다. 이러한 경향은 고스란히 연기금 유동화 과정에서 거듭 나타나게 될 것이다.

앞서 우리는 국민연금의 대안적인 재정안정 방향으로 사회적 지속가능성을 높이는 투자를 제안한 바 있다. 이는 연기금이 갖는 종잣돈의 성격이 아니라 사회적 자본으로서의 성격을 드러내고자 한 것이었다. 장기적으로 볼 때 연기금의 사회투자는 금융적 수익이 아닌 사회적 수익을 발생시킨다. 당장의 투자금을 비용으로 볼 것이 아니라 사회적 수익률로 환원하면, 국민연금의 가입 기반을 확대할 수 있고 미래 투자의 실물인 '사람'을 성장시킬 수 있다.

사회적 수익률은 단순 비교에서 금융 수익률보다 낮게 측정될 수 있지만, 실물자산을 증대시키고 연금제도의 기반을 확대한다는 점에서 결코 가볍게 다뤄질 수 없다. 또한 수익률을 높이기 위해서 위험자산에 더 많이 투자하는 것을 결코 재정안정이라고 볼 수 없다. 왜냐하면 투자 손실을 보상받을 방법이 없기 때문이다. 따라서 그와 같은 투자는 보험료를 낸 가입자와 연금급여를 받아야 하는 수급자 모두 이런 위험에 노출시킨다. 그러므로 금융자산 중심의 투자에서 실물자산 증대를 위한 투자로 관점과 방향이 전면적으로 전환되어야 한다.

삶의 질을 높여서 출생률이 제고될 수 있도록 해야 하고, 여성 및 중고령 인구가 차별받지 않고 경제활동에 참여할 수 있게 노동시장 환경을 개선해야 한다. 임금 및 소득 향상 등을 통해 국민연금 수입 구조의 건전성 또한 높여야 한다. 지출 측면에서도 급여비용의 절감을 위해서 공공노인요양시설이나 공공병원과 같은 공공사회서비스 인프라를 확대하는 것 역시 중요하다.

국민연금기금의 운용은 국민연금제도의 목표가 아니라 수단 가운데 하나이다. 연금제도의 작동 방식을 '보험료(가입자)-급여(수급자)'의 균형에만 맞추게 되면, 보험료 수입 확대와 연기금 투자를 통한 수익률 증가에만 매달리게 된다. 그러나 국민연금은 한 개인에게는 노후생활의 소비를 보장하며, 사회 전체적으로는 누구도 낙오되지 않도록 기여와 급여의 선순환 구조를 보장하기 위해 마련되었다는 점을 잊어서는 안 된다. 연기금의 크기에만 온통 관심을 둔다면, 제도의 목적이 유명무실하게 되거나 제도를 제대로 보호하지 못하는 우를 범하기 쉽다.

국민연금 재정문제는 근본적으로 인구위기 문제, 특히 초저출생 문제와 관련이 깊다. 그러므로 재정안정의 핵심은 초저출생 경향을 역전시키는 것이다. 20세기 초반 스웨덴은 인구위기를 겪으면서 사회의 양이 아닌 질, 즉 국민의 삶의 질을 개선하기 위한 대책을 세웠다. 그것이 바로 오늘날 세계에서 가장 보편적인 복지국가를 만든 중요한 배경이었다. 이미 초저출생·초고령 단계에 진입한 한국 사회는 오로지 증가할 부양비용 문제만 강조하고 있다. 그러나 인구위기는 극복할 수 있는 문제이고, 무엇보다 신자유주의 이후 파편화된 삶의 조건을 근본적으로 변화시킬 수 있는 계기가 될 수도 있다.

국민연금은 사회가 지속가능해야 존재할 수 있다. 돈이 아니라 사람이 살아가는 사회여야 존재할 수 있는 것이다. 그러므로 국민연금기금을 고갈될 불안한 자원이나 금융투자를 통해 수익을 내는 대상이 아니라, 사회의 지속가능성을 위해 투자할 수 있는 자원으로 바라봐야 한다. 출생률이나 고용률 제고와 같은 사회적 수익을 위해 더 늦기 전에 사회와 사람에게 투자해야 한다. 이러한 투자는 장기적으로 생산연령인구 증가, 경제성장, 제도부양비 완화, 보험료 수입 증가 등의 효과를 가져올 수 있고, 이를 통해 연금재정은 안정화될 수 있다. 그러므로 금융시장 전문가가 아니라 공적연금에 대한 이해가 충분하고 가입자를 대표하는 주체들이 사람과 사회에 연기금을 투자할 때, 비로소 안정적인 미래를 기대할 수 있을 것이다.

**국민
연금**
─────
**가치
선언**

인간은 모두 늙는다

사회 발전 과정을 거치며 인류는 노후소득보장을 위해 공적연금을 창조했고, 그것은 경기변동과 시대 변화에 영향을 받으며 오늘날에 이르렀다.

공적연금인 국민연금은 사회의 재생산을 위해 뿌리와 같은 역할을 한다. 하지만 때로 재정안정이라는 바람에, 때로는 후세대 부담이라는 파도에 흔들리고 휘어지기도 했다. 그러나 국민연금은 노후를 맞게 되는 사람이 가난에 시달리지 않도록, 경제활동을 하는 사람들이 연대를 통해 사회적으로 그들을 부양하는 원칙을 지켜 왔다. 개인이 책임지기 어려운 노후소득 문제에 대해 같은 사회에서 살아가는 사람들이 사회적으로 마련된 방법을 통해 함께 책임을 져 온 것이다. 물론 국민연금은 아직 부족하고, 더 성장시켜야 한다. 그런데 앞서 살펴본 대로 국민연금의 재정안정이라는 미명하에 현재의 빈곤과 불평등의 문제를 외면하는 관점이 점점 힘을 얻고 있다. 무엇보다 저출생·고령사회에서 국민연금이라도 노후소득을 보장해 줘야 개인과 가족이 해결해야 할 과제가 줄어들 수 있는 상황인데도 말이다.

2025년 우리 사회는 전체인구 중 65세 이상 인구 비중이 20.6%에 이르러 초고령사회로 진입할 것으로 예측된다. 초고령사회 자체는 문제가 아니다. 현재 한국과 같이 초저출생 경향이 인구 고령화 경향과 함께 지속되고 심화되고 있는 것이 문제이다. 이는 사회의 재생산을 불가능하게 만든다. 한국의 합계출생률[51]은 1960년 5.95명에서 2023년(2분기와 3분기) 최저수치인 0.7명을 기록하면서 전 세계 국가 중 가장 큰 하락률을 보였다.

한국 사회의 초저출생률은 누적되어 온 사회문제를 국가가 적극적으로 해결하지 않는 사이 시장경쟁으로 몰린 개인이 생존을 위해 출생을 기피하면서 발생한 문제이다. 가부장제의 기틀 위에서 심화된 젠더불평등과 노동시장의 불안정성으로 인한 고용과 소득 불안, 그리고 주거비 폭등과 엘리트주의 교육에 따른 가족과 학생의 불행 등이 종합적으로 나타나고 있다. 양육에서 오는 경제적, 정신적, 신체적 고통이 결합된 '총체적 불안'이 한국 사회의 미래를 잠식하고 있는 것이다.

오로지 개인의 능력과 노력에 책임을 묻던 이제까지의 방법론으로는 이 불안을 해결할 수 없다. 너무 거시적인 말일까? 그런데 생각해보자. 사

---

51 현재 출생 수준이 지속된다는 가정하에서 가임기 여성(15~49세) 1명이 가임기간 동안 낳을 것으로 예상되는 평균 출생아 수를 의미한다. 한국의 합계출생률은 1970년 4.53명에서 급격하게 감소하여 1983년 대체 수준인 2.10명 아래인 2.06명으로 떨어졌다. 2000년대 이후 홍콩이나 마카오와 같은 규모의 국가를 제외하면 세계에서 가장 낮은 수준을 유지하고 있다.

람으로서 살아가는 데 필요한 것이 무엇인가?

사회적 기준이 아니라 각자가 원하는 것이 무엇인지 알아가면서 유소년기를 보내고, 스펙을 위해서가 아니라 여러 가지 모험과 경험을 해낼 수 있는 청년기를 거쳐서 직업을 갖고, 정해진 일에 대한 분명한 보상과 내일을 계획할 수 있다면, 사람들은 더 많이 사랑하고 아이를 낳게 되지 않을까? 지금의 나도, 미래의 나도 그 어느 것 하나 믿을 만하고 의지할 것이 없다면, 그로 인해 위축된 개인들은 어떤 것에도 도전하기 어렵다. 그들에게 무엇보다 필요한 것은 제대로 된 사회의 지원이다.

이른 시일 내로 총체적 불안을 해소하기 위한 근본적인 변화가 일어나지 않으면 1000조 원, 2000조 원의 연기금은 무의미하다. 그러므로 국민연금기금을 쌓아 올리는 것으로 미래를 대비하는 것이 아니라 더 늦기 전에 사람과 사회에 투자해야 한다.

또한 국가는 근본적인 사회개혁을 통해 살맛 나는 세상이 되도록 사회를 변화시켜야 한다. 그래야만 국민연금을 지탱할 수 있는 생산하는 사람들이 계속 유입될 수 있고, 사회는 그렇게 해야 지속될 수 있다. 노인이 된 사람들이 존중받고 존엄하게 생을 마칠 수 있는 사회라면, 아이도 청년도 장년도 살 만한 세상일 것이다. 그런 공동체를 위해 우리의 연대와 용기가 필요한 때이다.

국민
연금

가치
선언

표·그림 출처

표 2 OECD(2021b). *Pensions at a Glance 2021: OECD and G20 Indicators*. Paris:OECD Publishing. https://www.oecd-ilibrary.org/finance-and-investment/pensions-at-a-glance-2021_ca401ebd-en

표 3 OECD(2023). *Pensions at a Glance 2023: OECD and G20 Indicators*. Paris:OECD Publishing. https://www.oecd-ilibrary.org/finance-and-investment/pensions-at-a-glance-2023_678055dd-en

표 4 국민연금재정계산위원회(2023). 「2023 국민연금 재정계산 : 재정계산위 최종보고서」

표 5 이다미(2023). 「성별임금격차의 현황과 시사점」. 《보건복지 ISSUE & FOCUS》. 438호. 세종:한국보건사회연구원 자료 재구성

표 6 국민건강보험 4대보험 연도별 징수율 현황, https://www.nhis.or.kr/announce/wbhaec11402m01.do 재구성

표 7 국민연금공단(2022). 「2021년 국민연금 생생통계 Facts Book」.

표 9 국민연금재정계산위원회(2023). 「2023 국민연금 재정계산 : 재정계산위 최종보고서」

표 10 국민연금연구센터(2002). 「2001년도 국민연금 기금운용성과 평가보고서(안)」. 서울:국민연금연구원, 정문경·노상윤·황정욱·김영은(2012). 「2011년 국민연금 기금운용 성과평가」. 서울:국민연금연구원 기능평가팀, 노정희 외(2002a, 2002b) 재구성

표 11 국민연금기금운용본부 홈페이지, https://fund.nps.or.kr/jsppage/fund/mcs/mcs_04_01_01.jsp

그림 1 송효진(2023). 「가족변화에 따른 사적 부양제도 정비 방향」. 서울:한국여성정책연구원

그림 2 남찬섭·주은선·제갈현숙(2023). 「국민연금의 보장성과 지속가능성의 조화를 위

국민연금 가치 선언

하여: 국민연금 지속성의 원천은 기금이 아니라 "사람"이다」. 국민연금대안보
고서. 서울:공적연금강화국민행동

그림 4 위와 동일

그림 5 통계청(2023b).「2023년 8월 경제활동인구조사 근로형태별 부가조사 결과」.
2023.10.24. 보도자료

그림 6 국민연금공단 홈페이지, https://www.npsonair.kr/fund_management/detail.
html?strIdx=3180

그림 7 위와 동일

그림 8 국민연금기금운용본부 홈페이지, https://fund.nps.or.kr/jsppage/fund/ifm/
mpc_01_01.jsp

참고문헌

국민연금공단(2022). 「2021년 국민연금 생생통계 Facts Book」.

국민연금연구센터(2002). 「2001년도 국민연금 기금운용성과 평가보고서(안)」. 서울: 국민연금연구원.

국민연금재정계산위원회(2023). 「2023 국민연금 재정계산 : 재정계산위 최종보고서」.

국민연금재정계산위원회·국민연금재정추계전문위원회·국민연금기금운용발전전문위원회(2023). 「2023년 재정계산 결과를 바탕으로 한 국민연금 제도개선 방향에 관한 공청회」.

국회연구조정협의회(2023). 「공적연금개혁과 재정전망I」.

김혜진(2012). 「비정규직 노동운동의 역사와 불안정노동의 이해」. 《도시와 빈곤》. 97호. 서울:한국도시연구소.

남찬섭·주은선·제갈현숙(2023). 「국민연금의 보장성과 지속가능성의 조화를 위하여: 국민연금 지속성의 원천은 기금이 아니라 "사람"이다」. 국민연금대안보고서. 서울:공적연금강화국민행동.

노정희 외(2022a), 『2021년 국민연금 기금운용 성과평가』, 전주: 국민연금연구원.

_____(2022b), 『2022년 상반기 국민연금 기금운용 성과평가』, 전주: 국민연금연구원.

류재린(2020). 「국민연금제도의 사각지대와 지역가입자의 관리강화 및 지원 필요성」. 《연금포럼》. 77호. 전주:국민연금연구원.

민재성 외(1986). 「국민연금제도의 기본구상과 경제사회 파급효과」. 서울:한국개발연구원.

민주노총정책연구원(2016). 『노동분할시대, 노동조합 임금전략』. 민주노총총서 47. 서울:전국민주노동조합총연맹.

보건복지부(2018). 「제4차 국민연금 재정계산을 바탕으로 한 국민연금 조합운영계획」.

보건복지부(2023). 「제5차 국민연금 종합운영계획(안)」.

송효진(2023). 「가족변화에 따른 사적 부양제도 정비 방향」. 서울:한국여성정책연구원.

안서연·최광성(2023). 「NPRI 빈곤전망 모형 연구」. 전주:국민연금연구원.

윤병욱·송창길(2017). 「지역가입자 납부예외자 비율 및 징수율 전망」. 전주:국민연금
연구원.

원승연(2018). 「독립성 및 책임성 제고를 위한 국민연금기금 지배구조 개선 방안」. 《사
회보장연구》. 34권 1호. 세종:한국사회보장학회.

원시연(2020). 「국민연금제도의 사각지대 현황과 입법화 동향」. NARS 현안분석 제163
호. 서울:국회입법조사처.

유희원·류재린·김혜진·김아람(2021). 「국민연금제도의 사각지대 현황과 대응방안」.
전주:국민연금연구원.

이다미(2023). 「성별임금격차의 현황과 시사점」. 《보건복지 ISSUE & FOCUS》. 438호.
세종:한국보건사회연구원.

이은주·주은선·제갈현숙(2022). 「일하는 사람을 위한 공적연금 개혁방안-국민연금 중
심 구조개혁방안」. 한국노총 연구총서 2022-12. 서울:한국노총 중앙연구원.

장승혁(2020). 『사회보험과 사회연대』. 경기:경인문화사.

정문경·노상윤·황정욱·김영은(2012). 「2011년 국민연금 기금운용 성과평가」. 서울:국
민연금연구원 기능평가팀.

정진영(2001). 「중남미의 사회정책: 연금개혁을 중심으로」. 송호근 편, 『세계화와 복지
국가』. 경기: 나남출판사.

정흥준(2019). 「특수형태근로종사자의 규모 추정에 대한 새로운 접근」. 《KLI 고용노동
브리프》. 제88호. 세종: 한국노동연구원.

주은선·김진·정성훈·이은주·이지연·홍세영·김창훈·민기채·제갈현숙(2020). 「국민연
금 현 복지사업 평가와 발전방안 연구」. 전주:국민연금연구원.

통계청. 소득분배지표. https://kosis.kr/statHtml/statHtml.do?orgId=101&tblId=D

T_1HDALF05&conn_path=I2.

통계청(2023a). 「2023년 사회조사보고서」.

_____(2023b). 「2023년 8월 경제활동인구조사 근로형태별 부가조사 결과」. 2023.10.24 보도자료.

한국보건사회연구원(2023). 「한국사회 격차현상 진단과 대응전략 연구(총괄)」. 경제·인문사회연구회 협동연구총서 23-56-01. 세종:경제·인문사회연구회.

Bateman, H.(2007). 'South Korea—Pension reform and the development of pension systems: an evaluation of World Bank assistance'. *Independent Evaluation Group*. The World Bank.

Barr, N.(2008). 『복지국가와 경제이론』. 이정우·이동수(역). 서울:학지사.

Barr, N. & Diamond, P.(2009). *Pension Reform: A Short Guide*. UK:Oxford University Press.

Beattie, R. & Warren M.(1995). 'A risky strategy: Reflections on the World Bank Report Averting the old age crisis'. *International Social Security Review*. Vol.48. Issue3-4.

Harvey, D.(2014). 『신자유주의 간략한 역사』. 최병두 역. 서울:한울아카데미.

Davis, R. B.(2008). *Democratizing Pension Fund. Corporate Governance and Accountability*. Vancouver:UBC Press.

EC(2003). *Adequate and Sustainable Pensions*. Luxemburg:Publications Office.

Gillion, C.(2000). 'The development and reform of social security pensions: The approach of the International Labour Office'. *International Social Security Review*. Vol.53 No.1.

Ghilarducci, T. & Liebana, P. L.(2000). 'Unions' Role in Argentine and Chilean Pension Reform'. *World Development* Vol.28(4).

Madrid, R. L.(1999). 'The new logic of social security reform: politics and pension privatization in Latin America'. *Doctoral Dissertation*. Stanford University.

OECD(2016). OECD Economic Surveys: Korea 2016.

_____(2020). OECD Economic Surveys: Korea 2020.

_____(2021). *Pensions at a Glance 2021 : OECD and G20 Indicators*. Paris:OECD Publishing. https://www.oecd-ilibrary.org/finance-and-investment/pensions-at-a-glance-2021_ca401ebd-en.

_____(2022). OECD Economic Surveys: Korea 2022.

_____(2023). *Pensions at a Glance 2023: OECD and G20 Indicators*. Paris:OECD Publishing. https://www.oecd-ilibrary.org/finance-and-investment/pensions-at-a-glance-2023_678055dd-en.

Pontusson, J.(1992). *The Limits of Social Democracy: Investment Politics in Sweden*. Ithaca:Cornell University Press.

Reno, V. P. & Grad, S.(1985). 'Economic Security, 1935-85'. *Social Security Bulletin*. Vol.48 No.12.

Whitaker, T. & International Labour Organization. Social Security Department(1997). *Social Security Financing*. Geneva:ILO.

World Bank(1994). 'Averting the Old Age Crisis: policies to protect the old and promote growth'. *Report* No.13584.

_____(2000). 'Republic of Korea : The Korean Pension System at a Crossroads'. *Report* No.20404-KO.

_____(2005). 'Pension Reform Primer: issues, challenges, options and arguments in pension reform'. *Report* No.33384.

경향신문(2023.4.6). "서민음식 짜장면, 1970년 100원이었는데···올해 평균 가격은?". https://m.khan.co.kr/economy/market-trend/article/202304061102001c2b

아시아경제(2010.7.12). "국민연금 가입 열 올리는 강남아줌마". https://m.asiae.co.kr/article/2010071208254162645

연합뉴스(2023.3.6). "尹대통령 "국민연금 운용수익률 높이는 특단 대책 마련하라". https://news.einfomax.co.kr/news/articleView.html?idxno=4256857

중앙일보(2023.1.25). "부모품 머무는 캥거루족이 58%...5060은 '은퇴유예'". https://v.daum.net/v/20240125050041658

한국일보(2016.3.17). "국민연금에 눈 뜬 주부들…임의가입 5년 새 3배". https://
    www.hankyung.com/article/2016031615421

_____(2024.1.5). "국민연금기금, 1000조 돌파…국민 노후자금 풍족해지나". https://
    www.hankookilbo.com/News/Read/A2024010510200005988?did=GO

후생신문(2022.10.21). "[국감] 건강보험 VS 국민연금 취사납부자 급증". http://
    www.whosaeng.com/139683

KBS뉴스(2015.4.9). "강남 주부와 공무원의 남다른 연금 선택". https://news.kbs.
    co.kr/news/pc/view/view.do?ncd=3053342

Bundeszentrale für politische Bildung(2020.1.30a). "Umlage-versus
    Kapitaldeckungsverfahren". https://www.bpb.de/themen/soziale-lage/
    rentenpolitik/291894/umlage-versus-kapitaldeckungsverfahren/

_____(2020.1.30b). "Kapitalmarktfundierung und Demografie". https://www.bpb.
    de/themen/soziale-lage/rentenpolitik/292108/kapitalmarktfundierung-und-
    demografie/

Willis Towers Watson(2023.9.11.). "World's top pension funds see the largest
    assets fall in 20 years". https://www.wtwco.com/en-nz/news/2023/09/
    worlds-top-pension-funds-see-the-largest-assets-fall-in-20-years